治癒話語 × 思想物質 × 禱告療法
理智與精神的靜謐，透過祈禱引領靈性成長之旅

查爾斯·菲爾莫爾 Charles Fillmore 著　孔繁秋 譯

查爾斯·菲爾莫爾的禱告之道

沉默中的神語

TEACH US TO PRAY

不僅僅是一本關於「禱告」的書

更是一本關於透過靈性實踐來提升精神狀態的指南
為尋求在生活中實現更高層次和諧的你提供寶貴指引

目錄

前言

　　當耶穌的弟子請求他教他們如何禱告的方法時，耶穌警告他們千萬不要把禱告當作是一場為了給人們看而表演的一套戲。他們應該退隱到自己「內心的房間」，向那個隱祕的看著但是會慷慨公開授予獎勵的上帝禱告。然後耶穌就會說，「這就是如何禱告的方法。」上帝的禱告者就會得到一些例子：千萬不要照字面的逐字跟著。這只是一些根據美國版本得到的請願書而已，但是根據芬頓的翻譯，這是一系列的主張斷言，如下：

　　「在天堂的我們的上帝，祢的名字肯定是神聖的；」

　　「祢的王國肯定是精力充沛的；」

　　「祢的願望肯定會實現的，無論是在天堂還是地球上；」

　　「給予我們今天和明天的麵包；」

　　「就像我們原諒那些冒犯過我們的人一樣，上帝會寬恕我們的過錯，因為上帝不會引導我們被誘惑，而是使我們從罪惡的誘惑中釋放出來。」

　　在任何情況下，當我們尋求神聖的幫助時，我們可以自由地使用任何我們自己選擇的話語，有時甚至連話語也不需要。

前言

「禱告是靈魂深處真誠地發出或者不明確的渴望」

人類的禱告是一種在自然界隨處可見有意識的向上趨勢的表達。因此，靈魂關於生命、愛、光明的神經衝動或者渴望都是一種禱告。

當伊利哈茲說：「你定意要做何事，必然給你成就」時，重複地強調著禱告的準則。

耶穌在以下的話語中也表達了同樣的觀點：「你們奉我的名無論求什麼，我必成就。」

無論小到原子還是大到太陽，所有一切的成長與壯大都是以靈魂規律來要求的。

如果你「一點也不模糊」，所有你熱切渴望和堅持肯定的最終都會是屬於你的。

當我們用合適的話語來建造我們的渴望並且把它們展現在我們隱祕的上帝面前時，我們正在運用了充滿智慧的最高的上帝法律，將我們領入到上帝面前表現，這些都是上帝植入到我們身上的。

一個缺乏渴望的禱告，一個缺乏真誠的禱告，一個沒有靈魂的禱告，一個沒有神靈的禱告，都是屬於不成功的禱告。

但是以上所有的練習，禱告裡出現的上帝，其神聖的思想已經把所有潛力賜予給了我們，在禱告裡我們把它當作是

所有的來源，並且當我們對我們和它的關係有了正確的理解，我們的靈魂會透過無窮的力量得到很好成長，全部都因為是上帝賜予我們的潛力。「有上帝在，所有的一切都皆有可能。」「所有上帝擁有的一切都是我們的。」

曾經我們一直被堅持地教導說，禱告時要堅持向上帝索要人類所需的一切，這樣我們就缺乏對精神同一性的見解並且成為禱告道路上的乞丐。上帝就是我們「生活、運動和我們所存在」的神靈，我們就是這個神靈的後代子孫，並且可以透過轉移我們對物質東西的注意力並一直想著神靈來與之取得意識的交流。當我們透過練習這種禱告，我們的內心神靈會進入我們的意識思想，把生活的能源展現在我們面前，我們將會得到良好的精神表達。

耶穌用以下的話語來進行描述：

「如果你透過最真誠的禱告，進入內心的小房間並且關上心門，向隱祕的上帝禱告，則隱藏在深處的上帝會對你有所補償的。」

這些靈魂的「內心的小房間」已經被聖經的作家們各式各樣地命名了。它被稱作「最高的隱祕地方」和「最聖潔的地方」，耶穌把它稱作：「上帝……在我內心」和「上帝的王國……和你」。我們只需要知道的是以上所有的描述都是說明，我們靈魂深處有一個地方，在那裡我們可以有意識的與

上帝見面交流，並且接收一大堆不但關於我們的意識而且關於我們身體的新生活新思想。

這些以上的理解展現給我們的是，禱告不單只是向上帝請求關於這個物質世界的幫助，並且只有在它最高的感覺下，才能開啟在我們靈魂深處連繫著我們和我們神聖母親的內心精神紐帶，在那裡我們可以取得永久的川流不息的生命。這些都是我們靈魂和身體永恆生活的開始，這是耶穌重要的教導，這是祂戰勝死亡所論證出來的。

我們誠摯地去尋求真理並且告訴他人該怎樣去禱告，這本書是我們關於這個主題科目最好的闡述。我們發現自從我們在禱告時開始向神靈敞開思想，還沒能發明出一種語言用來解決所有的疑惑。我們有足夠的發現足以讓大家相信，透過禱告身體可以被精神生活所控制，這將會是超越死亡的，這與耶穌基督所闡述的是一樣。

直到這本書真的模糊了真理，不然的話請不要擴大這本書的錯誤，但是我們接受任何關於禱告練習的請求並且透過這樣來與你存在的資源取得連繫。因此，你會得到如下的證明，就像約伯智慧的教導，「每個人身上都有一個神靈，並且它全能的氣息能使他們有所理解。」

我們所要禱告的上帝

> 「地球和天堂擁擠著，
>
> 一切所有的灌木都和上帝一起在燃燒著；
>
> 但是只有他看得見，並且脫下他的鞋，
>
> 圍繞著坐下來休息和撥弄著草莓。」
>
> —— 伊莉莎白·白朗寧

上帝無所不在，無所不知，無所不能，祂是真理的本質是真實的存在。

上帝的思想，是創造性的思想，永恆地在超越最高的理念上運轉，透過這樣，人類和宇宙才得以真實的存在。

創造性的思維無所不在，然而它始終是存在於人的思想裡的，在那裡它依靠著意識來得到感覺。

在祈禱時，無所不在就是，只有透過最高速的加速思想運動才可以滲透到精神領域內。因此，在展開內心的王國時，我們此時正在處理的是一個超出正常人的理解的事實。

耶穌大衛思想的頭腦是雄偉壯麗的是經過調諧的，就像是土壤對充滿生氣的生活，光亮和替代物質的渴望一樣，上帝就是利用這些來生產出構造人特性和身體的出色的材料。

精神特性的構造是超越肉體的。

　　精神特性存在於人當中，這是上帝深深印入到人靈魂裡的，是為了透過人類的精神努力來發展所做的準備，是為了戰勝肉慾而發展的儲備力量。

　　人類是透過上帝思想的意識運作來建造精神特性的，在上帝思想裡，充滿了心靈的精神想法，透過基督，人們意識到裡面真理的存在；當他們把這些真理植入到自己的靈魂意識時，它們就自然而然地成為了他們的一部分了。

　　最有效的禱告就是，我們增強了所有的時間和空間的意識。在這個思想狀態下，我們就可以自動的與上帝的神靈取得連繫了。的確，當我們提升我們的思想意識到耶穌基督，上帝的存在就變得對我們還有對上帝一樣的有意義。就是在這個狀態下，我們才能真正的意識到上帝的崇高莊嚴和強大。

　　「我去為你準備一個地方」。透過熟識了解單一思想是完整的物質。我們跟著思想一起運動，思想也跟著我們一起運動，因此，我們就建立了一個新層次精神狀態的意識，在這個「地方」我們意識到上帝是真實的存在。

　　耶穌說：「我的父親是個農夫。」「我是一棵真實的葡萄樹。」「你就是樹的分支。」「樹的分支自己不可以結出果實，除非它依賴者葡萄樹；因此你也一樣，除非是依賴著我，不然做什麼也不行。」「我拿走樹上不能生長出果實的所有分支；我修剪樹

上能生長出果實的所有分支，讓它們長出更多的果實。」

在這個聖經下，耶穌給了我們如下的啟迪：透過祂我們得到了新生，生長於上帝，透過耶穌，我們可以有意識的和上帝接觸，就像樹枝與樹是接觸在一起的一樣，因此我們不會枯萎凋謝也不會被遺棄。

透過基督，我們能有意識地與我們父母的起源血統取得連繫。我們很有必要去保持這份連繫，只有這樣我們的精神才能不斷地發展壯大並且在不朽的生命中獲得成功。

很多人都會認為，那個住在天空上被叫做天堂的地方的人就是上帝。他們向上帝祈禱他們想要的所以東西都會被得到滿足。這就是原始的個人的禱告，這樣雖然也能得到他所祈求的東西，但這並不是神父和他兒子的直接交流，這種交流在耶穌的話語中也有所提及，「我和神父是一體的。」我們必須與祂有更親密的交往關係或者與創造性的思想交流，如果我們希望用盡所有方法來滿足祂的需要。

上帝的存在為我們創造出誠實、力量、智慧、理智的男子氣概和完美女子的概念，這些都是人類救贖所需要的必要因素，是堅不可摧身體殿堂的建造者。

因此，我們必須要清楚了解到我們所祈禱的並且讓我們自己清楚的上帝的本質，透過與上帝的有效用聯盟來創造出非凡的未來。

上帝是力量：人類就是強大的。

上帝是智慧：人類就是有智慧的。

上帝是真實存在的：人類是有形狀外形的。

上帝是愛：人類就是有愛心的。

上帝是生命：人類就是活生生的。

上帝是思想：人類就是思考者。

上帝是真理：人類就是有信仰的。

因為人們透過打電話告訴遠處的朋友，因此許多人都是用同樣的方式去向上帝禱告的。我們討論上帝討論的太多了，就像祂是在上帝關係裡第三者而不是第一者。這是不可想像的，因為當在與上帝那蒼白無力的友誼關係下，會導致出現對祂自己來說是如此下等的創造力。人們知道，心智健全的上帝是非常重要的，這與邏輯或者真理是無關的。這是人類對上帝的高尚的想法，並且祂會構建出一道牆來分離出祂對自己的譭謗蔑視的想法。

我們在禱告時，必須與上帝面對面並且意識到我們得到的內心保障是我們所要祈求真實的答案。

一個牧師，在長達 20 多年的信仰說教歷程中，有一次，他被一個朋友說服去嘗試一個禱告真理的方法，這個方法就是科學的靜默。

後來，讓他感到不可置疑的是，當他接觸到上帝並且發現上帝是活的時候，他真的感到非常吃驚。

對耶穌來說，上帝的存在就是個永恆的燃燒的火焰，一個永恆生命的火焰，祂感覺到身上存在著的所有細胞和纖維讓祂的生命變得越來越活躍，直到祂變得無比完美之前，它們一直都在淨化和潔淨。當我們對真理有了很高的領悟後，我們就會經常的感受得到在我們全身上下運作和穿透我們的永恆火焰。

對耶穌來說，上帝的思想就是個藏滿珍寶的田地，在那裡，祂可以發現祂可能擁有的所有能使祂有所成就的需要。

在耶穌身上，上帝的神靈是一直在無休止地工作的，穩定和持續的工作使大腦和靈魂的所有自然的衝動變成了生活中的神聖的認識。對耶穌來說，上帝的神靈就是為了滿足祂內心對存在物質和才智的渴望而工作的，因此，圍繞著大衛自己思想的靈魂和身體意識得到了完美的表達。上帝肯定會感到無比的光榮和滿足，因為祂擁有一個完美的兒子耶穌，祂是世界公認可以用內在意識有意識的表達出上帝的希望和智慧。上帝神靈，上帝思想，是從不會關閉和有所限制的，它們是無所不在的。科學的「蒼天」與耶穌說的「天堂的王國」是相對應的。光亮和其他形式的發光發熱的能量，是無形精神力量的物質表達，組成了一個無所不在的世界，這

個世界比起舊時候的天堂更加的了不起。當代科學發現的所有力量都是「天堂的王國」的一部分，都被耶穌在許多則寓言中描述過。現代科學承認的是王國裡的物質部分，但是卻忽視了精神方面的東西，完全不能對精神層面的東西進行了解。

根據約翰福音裡的耶穌的公告：「你必須是重生的，」給了我們一些線索來發現唯物主義論者的短見之處。他們還沒能夠發展出能使物質宇宙運動所需要的有才能的思想精神和智慧的洞察力，因此，他們只能看到物質層面的東西。一個新的科學教育應該必須把神靈的精神思想放在第一位的。

真實的禱告

真理就在我們身上；它不需要上升

無論是外在東西，一切你可能相信的。

那裡會是我們內心的中心，

那裡充滿了真理，

……和，要知道，

比起堅持找到一個方法

當被囚禁的光彩要逃脫的時候，

就會進入一束光亮

希望是如此。

—— 羅勃特·白朗寧

　　許多年來，人類一直做出精神方面的努力去實現內心最深處的意識聯合，在那裡，真理是永恆的光榮的存在。這種意識只可能會伴隨在真誠的禱告者當中。

　　耶穌的門徒誠摯的請求道，「主啊，教導我們怎麼去禱告吧。」今天，身為門徒們的主人，我們在請求主教會我們能使我們的思想意識和上帝的思想統一的方法。我們會發現，內心的真理會讓我們感到無比自由的。

　　耶穌對門徒們所做的指示就是「但是你，在真誠禱告的

時候，要進入內心深處的小房間，並且關上門，向祕密隱藏著的神父禱告，然後隱藏在深處的神父就會補償你」。除了這個簡單的禱告方法，這是很難去改進的。安靜地進入內心靈魂的小房間，關上在日常生活表面思想的門，並且尋求與上帝的思想連繫是目前我們所知道是最高形式的禱告。

安靜的目的是為了能夠停止個人思想活動，只有這樣，上帝小聲的聲音才能被聽見。在靜默狀態，神靈才會告訴我們真理，這個真理正是我們一直所需要。

禱告是人類去認識了解上帝所做的穩定的努力。這是一個親密的精神連繫，有邏輯地維繫著人類和他的來源。精神連繫是神聖的象徵，是上帝的話語，真實地表現出聖經的邏輯。正是因為這個事實，人類能本能地感覺和了解到上帝的幫助會什麼時候到來。

上帝的思想，是由光亮的想法、充滿生氣的生活、輝煌的新的靈感組成的，全是我們可以使用的。既然我們已經在最高的上帝頭腦裡成為了無所不能的人類，就讓我們透過耶穌基督來了解我們精神的重要性。讓我們深入的去思考這個神聖的象徵 —— 上帝的話語！裡面是生存的動力，是賦予人類靈魂的，並且能夠使人類發展他們潛在的能力。

當我們了解到即使是輕微的精神合作意識，我們就成為了上帝的共同創造者，我們就會發現我們可以處理進入我們

生活中的所有狀況。耶穌是完全的和上帝精神連繫在一起的，他可以解釋不是祂說的而是和祂居住在一起的上帝所說的一切。

　　透過禱告，我們可以獲得與上帝的親密關係，這時耶穌肯定很享受地說「我和神父是一體的。」耶穌基督是我們的老師使我們的幫助者。在禱告中，當我們接觸到神聖的存在時，我們該以怎樣的態度，怎樣的興趣去應對呢？如果我們現在就知道我們正要被引導到基督的面前，什麼樣的程度才能喚起我們的精神期望了？毫無疑問地，我們僅僅地想法應該是充滿激動。讓我們感受同樣的熱情，同樣的擔心，當我們自己接近於神聖的存在時。這樣可能會為我們得到真理增加了更加充足的準備。

陷入沉默

根據《何西阿書》，當你陷入沉默時，指示是：「帶著你的話，歸向耶和華。」這一指示在過了幾個世紀後的今天仍然適用。對形而上學者而言，它意味著毫無雜念地閉上眼睛和耳朵，一直在頭腦中想著「耶和華」這個詞，直到照亮了整個內在意識。然後肯定的禱告，如「你振興的能量充斥我的整體意識，我治好了」。

要想知道由耶穌基督傳授的上帝的振興的能量究竟是什麼。你要深入探討上帝的意識和堅持祈禱直到你獲得心靈支柱和內心邏輯的滿足。

為了實現沉默的想法是去賦予它生命，物質和智力。實現一個祈禱就要實現沉默。要實現沉默就要賦予它靈魂，知道這是可以實現的。

對它的祈禱如一個活的種子，勢必為心靈注入靈魂和結出果實。

透過基督，人們持有信念相信我自身或者我「重新獲得了生命」。基督就像磁場的中心，無處不在，環繞著祂的是能夠實現所有的困難的自我癒合的精神。祂有權力實現這一真理直到神聖的蒼天做出回應，祂也把自己看作是強大的、

和平的、完美的、反覆癒合的。透過這種方式後，我們為我們的靈魂注入了自癒的因素。

　　幾年前我們在佛羅里達州的時候，一位水果種植戶告訴我們很多關於他的種植園發展的有趣故事。在佛羅里達州有許多沼澤。他派人進入這些沼澤地，找到有爬行動物出沒的水域，在那裡挖起野生檸檬幼樹的根，把它們移植到精心準備的泥土裡，然後把它的樹芽嫁接到他在國內獲獎的果樹上。因此，新的樹木再過一段時間就會長滿果實。強壯，富有生命力的野生檸檬根為新的水果新增了新的水果風味和品質。

　　形而上學的法律是「如果根是神聖的，那麼樹枝也是神聖的」。至少，樹枝是潛在的神聖。我們發現，自然的人通常是身體強壯有力的，和野生檸檬樹一樣。自然的人經常掙扎在黑暗的，消極的，沒有精神能量的沼澤氣氛中，就像一開始的野生檸檬樹。

　　但是自然的人可以用一個詞概括真理和透過「專一」的思想集中可以穿透無形的，能團結他的意識與神的心意，並實現祈禱直到真相包含進他的靈魂深處。這正如柑橘類的水果是透過嫁接的過程成長，人也一樣，透過栽種的道理，培養成為一個強大的，積極向上的精神品格。

　　上帝只有一個，只有一個能統治宇宙所有的權力，透過

它上帝可以表達自己的人。神的渴望是感覺到人的心目中祂真的是神，渴望透過人來表達永恆的生命。上帝總是試圖喚醒人深處的靈魂以至能強烈地感受祂的存在。祂因此擴大意識，提供人一個機會更充分、更完美地表達祂。

有一個部分統一精神和有一個完整的統一的精神。每當我們完全合併我們的思維和創造性思維時我們就會在意識中遇到基督，它是當我們處在這種意識中，我們的禱告就會實現。把我們心中的想法合併成一個思想，使我們成為偉大的人。

每個人都渴望得到永恆的生命，在他的努力去滿足這種渴望，每個靈魂都有自己的上帝概念。古人說，一個誠實的人是上帝最偉大的傑作。英格索爾說，「一個誠實的上帝是人類最崇高的作品。」

親力親為和真誠的禱告是人的精神接觸上帝的有效途徑，有效的禱告是沒有煩惱的。耶穌也沒有讓任何把上帝的靈魂融入到自己靈魂的人遭受痛苦。遭受苦難就像由於分離和努力回到意識無所不在的，「我父親的房子」。

卡萊爾說：「沉默的意義，是無限的，從來沒有在冥想中被耗盡，無法形容究竟對你多麼有利！停止亂喧譁，把你自己的靈魂拿去浪費，困惑和麻木，沉默是你的力量。話語是銀，沉默是金；語言是人類，沉默是神聖的。」

傻瓜！你想，因為沒有人用羊皮紙和黑筆站在附近注意你的話語，它會因此死亡，變成無害的嗎？沒有死亡，沒有什麼會死去。沒有你所講的空話，但它是在時間中埋下了種子，生長直至永恆。記錄的天使，考慮好，不是寓言，但真正的道理：紙片可以燃燒，沒有燃燒的鐵葉。

理智的沉默和精神的沉默

它是人對上帝的概念使得祈禱者獲得理智或精神力量。理智沉默和有建設性的沉默之間的巨大差別僅僅是勝在靈魂之間的差異。理智的沉默的力量有限，一個人的沉默的全部注意力固定在智力。

赫伯特·史賓賽曾說他會很樂意把自己的生命交給那個為他生活和減輕他的負擔的人。這毫無疑問可以表示其他成百上千的疲倦的人。它揭示了事實上人們缺乏了對生活的真實感覺和不是按上帝的旨意活著。人們應該抬起雙眼望向群山，從那裡我的救助將會到來。他應該更多地關注耶穌的真理，使它自然成為生活的一部分。

耶穌迎來了民族意識的思想氛圍，由精神上決定我們陷入沉默和真理的名字是「耶穌基督」。這就是這個名字的魔力。

當祂說：「到我這裡來，你們負擔工作和重擔，我就會使你們得到休息。」祂令人們得到精神解放是來自於祂的許多考驗和磨難，並且使祂走上精神自由的康莊大道，而快樂和精神自由富足。接受耶穌基督為救世主的意思是按照祂的思維和行動方式，並使得其成為我們的。

有一種流行的教學，就是接受耶穌基督為救世主的將設定一個拯救靈魂和所有過去未來的罪的精神魔法。「魔法」意味著完成一些超自然的援助。我們發現，採用耶穌基督教導的方法生活是在行為上和誠實上存在魔力的。但這並不是神祕的思想和語言學習轉化能力。這是所有包含公式中所指出的保羅他們的心意更新而變化。而不是懷疑，不信任和憎恨別人。這是水果的藝術。耶穌教導我們要用我們的心、靈魂和力量去愛別人，而不是和生活戰鬥或者在愚蠢的戰爭中與數百萬人戰鬥，要像有知識的人一樣，耶穌教導人要學會合作。而不是浪費精力在推倒別人，耶穌教導人要節約精力用於崛起。耶穌並沒有在人的背上載入負擔，事實上祂教導人們如何愛生活，如何愛生活的作者，以及如何愛生命的活動。在這種狀態下，人的潛意識會丟掉負擔和進入真正自由的生活。在過去的智慧有思想的最高權力。但這是一個奇妙的能力，它是真理的精神工具，如果它能履行其完美的工作，它就需要紀律。

　　理智總是很忙，從一件事跳到另一個，大部分時間居住在日常的平庸的世界或者世界的普遍的水準。在科學的沉默的第一步還是這些外部思想，使得意識可能會屈從於內在精神。

　　在《彼得前書》2:2，我們讀到，「就要愛慕那純淨的靈奶，像才生的嬰孩愛慕奶一樣，叫你們因此漸長，以致得

救。」那些正在尋求和接受精神的人都知道每一天都是重生的一天，和每天的靈奶都用於餵養和滋養靈魂。

耶和華對摩西的吩咐是演示祂在山上所做的所有事情的模式。在心靈的天空，在頭頂的精神天空，耶和華保持了以前的人生活的完美模式。但是人要滿足科學的祈禱就必須有能力辨別這種模式。

減輕心理的人，經過科學知識的沉默，人來到上帝的殿堂的入口。當他進入內室，他發現他進入最神聖的地方，輕輕地，靜靜地，一個強大的工作正在進行，但在那裡「沒有聽到槌子、斧子，也沒有聽到任何鐵的工具」。上帝在沉默中工作。一個人帶著誓詞的真理的祈禱模式走到上帝的面前，心中祈禱穩定和有意識地將他的心靈和上帝的旨意結合，他只知道神的話語無聲無息，因為它是自己交織在一起，並透過整個靈魂和身體意識受到啟發、救贖，按照他自己的信念和信任恢復，根據自己的勢力和權力獲得。這不同在於智慧的沉默不知道精神展露的方法。在這種精神的沉默中，人的祈禱的實現是在於他的心和他需要確保他的祈禱已經解答和示範帶來的收穫。

這個實現不僅是刻在靈魂上而且在智慧上，行動在前。理智總會感覺到發生了什麼事和有權保留其感知和表達自己。因此，智慧服務於精神，並隨著它變得越來越像精神，

並成為在行動上和上帝的真理統治工具。

當卡萊爾在寫法律的時候必須要有知識的理解以及精神理解法，指的國度內：「藝術不是上帝在生活中的指揮者嗎？噢，天哪，這不實際，他曾經說透過你的生命和愛你 —— 生命和愛我？」

建設性的思想的力量是強大的力量，但當它意識到在沉默中成為地球唯一的權力。這一理解令耶穌善於在科學領域的禱告。

「上帝創造了世界和世界萬物，祂是天地的主，不住在人類建造的寺廟中。」耶穌誕生在伯利恆鎮客棧的馬廄中。這一個真理的象徵：不僅是人的智力是透過祈禱贖回，身體也是；甚至每一個動物的傾向都必須透過耶穌基督。「奉耶穌的名無不屈膝低頭，無口不稱耶穌基督是主，使榮耀歸於父神」。

透過信心的禱告來治癒

你是不是遭受了很多痛苦？讓他禱告吧。是不是有很多歡樂？

讓他唱歌讚頌吧。你是不是遭受很多疾病？讓他叫來教堂裡的長老們，然他們為他禱告，奉耶和華之名把聖油抹到他的身上：然後信心的禱告必定會將他從疾病中就出來，上帝會必定會叫他起來。

—— 詹姆斯

這是一個非常明確和美好的承諾。據記載，這無疑是門徒所採取的行動，並且證明了在數百年來這是非常有效的。今天，這個偉大承諾仍然被數不清的成千上萬的耶穌的追隨者所證明。透過信心的禱告來治癒已經成為建立原則的練習，只要正確地應用，這個原則是永遠不會失敗的。那些尋求上帝的天國的人們，他們的正義就像承諾一樣使所有的事情都增加。當我們「運用我們的話語」並且嘗試去到上帝的面前的時候，我們對祂的信念就是力量，這是一股能開啟通往內心王國大門的力量。

但是，為了保持大門能微微開著，進入這種沉默的靈魂狀態是每天必須的。首先，應該傾聽內心信念的聲音，然後透過

內在中心的潛意識，你就可以獲得存在的生命，物質和智力。

　　人類透過對真理的重複領悟，來建立一個信念的持久狀態。由此，當精神上的理解在說出來的話語中表達出來的時候，人類就會獲得光亮。

　　信念是依靠物質的。當人類肯定他與全能的連繫和他對力量的強大信念的時候，有活力的，有創造性的，可以轉化的力量就會被精神上的行動激發出來。

　　「去尋求善良的，不是邪惡的，可以使你們存活的東西；因此，耶和華，萬軍之神，必定與你在一起，就如你們所說的。」「關於在我手上的工作，是你命令我做的。」

　　人類不僅必須要承認和順從神聖的法令，而且還必須要意識到，他們是宇宙的統治者的後代。

　　當請求神父在神聖的法令下屬於兒子的幫助時，人類應該承擔起和平王子的權利和尊嚴。他不應該在寶座上的一個假想國王的面前爬行和畏縮，而是要感覺到祂是一個無形存在的想像，這個存在已經把祂創造出來，讓祂去代表祂那強大和慈愛的形象。我們應該要有信心的肯定，那些耶穌所使用的強大的話語：「在天堂和地球上的所有的權柄都已經賜給了我。」

　　信心的禱告並不是懇求，不是祈求上帝把東西給予人類。當正確的接觸改變大腦中和身體上的每一個細胞的特性

時，最崇高的禱告就是透過信心進入一個思想力量的領域的自我入門。一個已經掌管甚至是禱告的主要技術的人，已經取得了連線所有高和低的思想的乙太精神，並且透過這樣人類良好的偉大改革就可以投射到世界的乙太思想當中。

當耶穌禱告的時候，經常是持續一整夜的，祂不會不停地要求上帝去做祂所請求是事情。透過積極的信心，耶穌鋪設了新的想法，這是祂透過精神上的理解納入到祂自己的意識當中的，這些既是包括靈魂又是包括身體的。透過這個心理程序，祂成為了精神人類的一個生活典範。

今天，耶穌基督是我們的助手和老師。每個人，當祂禱告的時候，應當要充分認識和利用這個事實。透過意識到在祂身上即是在成為基督的耶穌身上的相同的神靈，祂可以獲得更多利益。保羅寫道，「但是，如果在祂身上的神靈使你在裡面死亡的耶穌得到重生，從死亡中復活的耶穌基督，也將會透過在你裡面的祂的神靈把生命賦予給你精神上的身體。」

今天，耶穌教給我們，想要有效率的禱告，我們必須要相信和知道，這裡有一個請求事情的分配器，透過伸出手來禱告，我們可以從一個偉大的來源中接收到它。這就是真正的信心的禱告。「凡是你所禱告和請求的所有事情，相信你可以接收到它們，那麼它們就是你的了。」

信仰，一個更高的提供源泉的信念，是基於精神邏輯或者先天原因的，是對明智的和全能的造物主一切計畫，包括對他的後代的必要提供的肯定。即使在原始形式的性質中，這是個主動提供的法令。為了後代的延續，昆蟲在卵中儲存事物。當人類以動物意識現身並且感覺裡面的神靈，他就會發現這是非常合乎邏輯和真實的，就是神靈已經為他提供了他的供應和支持。

　　當我們已經實現了對我們的禱告的精神上的理解並且我們靈魂深處感到滿意，我們就可以保證在神靈的幫助下所有事情都已經實現並且已經得到顯現了。

　　我們可以繼續我們對信念的理解，直到整個意識得到回應並且顯現暫態地發生。

　　精神上的真理，心理學，以及科學告訴我們，有形的東西是來自於無形的東西的，並且它們的存在也是依賴於無形的東西的。意識的思想是無法想像這些的。

　　「但是，在人類裡面有一個神靈，

　　並且全能者的氣息給予他們理解。」

　　在人類能夠完全理解並且執行精神的法令，他必須培養一個現實意識。當他這樣做時，他發現自己會自動和上帝一起工作，透過基督，他可以對耶穌說：「我父親做事直到如今，我也在做事。」

　　當一個禱告的人，沒有堅定的信念，即使他的請願被回答了，這個禱告也是無效，徒勞的。當一個人竭誠為上帝，這個禱告將會帶來豐盛的結果。生活的激流餵養和流向靈魂和身體，治療並救贖了整個人。因為出於內心的祈禱是神聖愛的活動，讓我們不斷地禱告，直到上帝聽到和接受我們的請願。

　　真正的上帝是在我們中間。當我們轉向無處不在的精神在信仰的光，我們就看到了這個驚人的事實。這個看似物質身體和這些時間環境掩蓋內在的上帝。我們開始明白雅各的意思，他說，「這地方何等可畏！這是除了神的殿，也是天堂之門。」

　　在禱告當中，要注意的在陳述真實時的思想的集中度。注意力聚焦在我活著或者內部實體的話語禱告，直到內在的意識實現，並且靈魂意識到一個明確的精神隆起。就像凸透鏡一樣，把太陽光聚集在一個點 —— 我們知道一點光就可能成為 —— 那麼集中各自的想法直到它成為共同的目標。

　　聖潔的神靈專注於透過神聖的母親的存在為神聖的思想帶來果實。聖潔的神靈就是老師。教師和學生使用相同的原則，但是老師引起和激發學生們去取得更大的成就。今天，聖潔的神靈以更大的精神努力去要求我們。

　　當我們把精神力量指向一個明確的想法，信念就發揮了

重要作用，它是參當集中當中的。我們關注的想法透過同一指出的集中思想，我們進入一個更精細的思維活動領域，稱為宗教信仰或精神的火。因此信仰開門進入一種內在的意識，在那裡我們將堅持我們的思想，直到乙太精神回應我們的話語。沿著這條線認真地，穩定和持續地關注，豐富的方法勢必會帶來精神的成果。一個穩定、堅定的心和奉獻精神在我們的意識中成長。

透過禱告來得到繁榮

　　現在，一個哭泣的女人，是子弟的妻子，走到先知以利沙的面前說：你的僕人也就是我的丈夫死了；你也最清楚你的僕人很敬畏耶和華，現在債主正在要我的兩個兒子當奴隸。然後以利沙就說，我應該怎樣做才能幫助妳呢？告訴我，妳家裡還有什麼東西呢？她就說，你的女傭人家裡什麼都沒有了，只留下一罐油。然後他就說，去吧，去向妳遠處的鄰居借些容器回來吧，即是空的瓶子，借多點回來。然後妳應該走進屋子，關上門，和妳的兒子們隔開，然後往瓶子裡倒油，留出一個滿的瓶子。因此，女人離開了以利沙，並且關上門，隔開她和兒子們；鄰居借給了她許多瓶子，她就往裡面倒油。當瓶子倒滿了，她就叫兒子拿空瓶子給她。然後他就向她說，現在沒有其他空瓶子了。剩下的油留了起來，然後她去尋找並且告訴上帝。然後上帝就說，「去吧，把那些油賣掉吧，然後還清妳的債務，剩下的就留給妳和妳的兒子以後的生活用吧。」

　　這個關於以利沙那個小油罐的故事，在以利沙的提議下，以及女人在她屋子把所有的容器裝滿的合作下，還有就是鄰居們的幫助，才能使她有足夠的油去還清她的所有債務，讓她的兒子們從奴役中解放出來，並且為她和她的兒子

們的生存提供了保障，這些都顯露出了強大律令的作用。

就形而上學論而言，以利沙這個名字的意義就是「上帝是一個救世主；上帝是一切的解救；上帝會帶來成功勝利；上帝是富有的」。那個寡婦就是一個典型了缺乏信仰的例子，她的意識或者一系列的想法都脫離了與神聖來源（丈夫）的內心連繫，因此，導致了她缺乏供應來源。

以利沙（也有「上帝是富有」的意思）教會這個女人怎麼樣去關上心門，並且讓她意識到裡面的供應來源。然後告訴她怎麼樣才能把油（愛）裝滿，怎樣才能提供永久的供應來源。所有的思想都是禱告，在那裡我們明白我們的渴望，上帝的指示，這些都是祂們每個時刻所要傳遞的答案。

基督的形而上學論者們尋找一些能表達出感激，感謝和讚揚心情的話語，釋放我們思想和精神裡的能量，他們所使用的話語是有效果的，宣告他們很快就會被起源的話語所認同，效果和目標會融合在一起的。

讓你用讚揚和祈福的話語向神靈祈禱，這樣當他們向人類宣講的時候，你渴望的願望會變得更加強大的。神靈的力量來源是遠遠超乎我們的想像的。讓你可以把軟弱無力的身體變得強大無比；讓擔心的心情變得平靜並且充滿信仰；讓心煩意亂的神經變得平靜和強大；讓失敗的生意變得繁榮和成功；讓需求的不充足變得供應不斷和有所支持。

在你禱告的時候千萬不要乞討，但是要讚揚和感謝那新生的自我顯現的上帝，只有祂能充分地實現你心中所有的抱負渴望。

寫一個與上帝一起的日常生活「日記」並且保持下去，上帝肯定不會讓你失望的。許多人對於宗教信仰都感到膽小羞怯，他們害怕被嘲笑以及被誤解。有一個銀行家，每天都會規固定抽出一定的時間進入靜默狀態來禱告。他的銀行，坐落在一個城市的小鎮上，需要借一筆數量非常大的錢，因此，他就前往紐約談判並希望能借到一筆貸款，但是很明顯，他沒有成功。然而，他在靜默狀態下顯得非常的堅強，並且相信上帝是不會以貌取人的。當他向紐約的銀行家說起他需要借一筆貸款的事時，他的「靜默時間」到了，城市裡的銀行家覺得非常疑惑並且不知道該怎麼做。他最後決定在上帝面前坦誠以對，很明顯，在關於貸款的討論中，是很令人感到厭惡的，他安靜地說，他每天的這個時候經常都會抽出一定時間來進行禱告的，並且請求上帝的寬恕。

城市裡的銀行家的面目表情一下子變得歡樂起來了，他馬上的意識到自己身上的某些東西是城市朋友們所沒有的：他的鎮定，平靜，臉上對戰勝失敗的信心。因此，城市的銀行家支吾地回答說，他也有每天抽出一定時間來禱告的習慣，並且他會覺得很榮幸如果能和他一起禱告的話。然後，

他們一起進入靜默狀態，並且對上帝供應的力量和祝福得到了很大的認知。在禱告之後的會議裡，城市銀行家告訴城鎮銀行家，他對他銀行的有價證券感到滿意，並且會如期的把貸款匯給城鎮銀行家。

愛默生對禱告的靈感或者評價是「禱告就是從現實生活中沉思，並且悟到一系列很深的觀點。」禱告就是獨立地注視著和呼喚著靈魂，這就是上帝神靈宣告這是祂做得很好的工作。但是，禱告是一種讓盜竊和卑鄙行為能私自了結的有效方式。這是二元神教的先決條件，並不是自然和意識的結合。只有當一個人和上帝在一起的時候才不是乞討，因為，只有上帝才能看到所有的禱告行為。

萬能的神父！我們在無比善良的祢面前向祢鞠躬，並且在禱告裡祈求祢那充滿愛心的所有仁慈。

我們請求，當我們請求時我們對祢那充滿愛的能量和出現感到非常的感謝，我們緊緊地擁抱著祢的手臂，在那裡，我們不但能得到我們想要的，並且還為我們提供了一個能在奮勇前進的世界裡安全休息的地方。

神為我們開啟了一個平靜與和諧的內心小房間，身為神的孩子，我們能神聖地擁有這房間。我們小孩子般地來到神聖並且信任的祢的愛面前，非常清楚的明白只有愛才可以帶給我們平靜、和諧還有成功。

　　所有的恐懼擔心都會消失，只要當我們走進祢和祢那光榮的愛，在那裡，我們沐浴著愛的陽光，祢的愛，是那永恆的不會消失的愛！

與神靈物質的連繫

人類必須用能力和才華建造出一個完美的靈魂，使它能經常生產出美好的心靈以及豐富的物質財富。

為了達到這個目的，人類必須親近和熟悉形而上學論中關於神靈實質是無所不在的論述，只有在思想中和自然所投射的豐富的和所要支撐的想法中，才是有形存在的。

這種神靈實質是人類每個想法和語言的堅強後盾和支持來源，是提供地球上所有生物生存食物的準備。今天，我們人類正在學習如何自覺地與這種無形的精神思想材料取得連繫，並且占用和表現它，我們的供應和支持的來源被我們熟悉的物質和精神管理著。

神靈實質是所有物質財富的來源，並且不能透過人的思想遭受損失或者破壞。神靈物質是跟我們一道的，準備著讓我們運用，使我們的靈魂和身體意識更加強而有力和富饒。在這種連繫下，耶穌說：「我有肉吃，這是你不知道的。」就像是上帝是一切的起源一樣，神靈實質也已經成為了起源。這種實質實際上是上帝身為母親的那一面，是上帝本性的母性特徵，這也是宇宙的中間媒介，為我們的所有想法提供來源和支持。

就像地球是宇宙的溫床一樣，所有的植被都在溫床裡發育生長，無形的神靈物質也是宇宙的溫床，在那裡，所有的想法得以繁榮和發展，並根據我們的信仰和真理不斷地向前發展。「土地上的塵埃」代表著放射物質的起源和發生，是最初思想產物的物質想法的表達。在人類思想的影響下，活躍的神靈物質一直被顯現出一定的形式和形狀。例如，陽光被植物世界吸收並作為生產的原料，這些植物正好被人類咀嚼粉碎，消化並且吸收，進而成為他們身體的一部分。光亮和電力也是發光物質的形式。

有人曾經說過：搖動搖籃的雙手，就是統治世界的手。同樣的，上帝母性的那一面應該說是我們好的發源面，培育並顯示出好的方面，對我們產生影響掌握並且豐富我們的生活。我們的腦袋裡應該有這樣的想法，就是如果我們想要展現自己，我們應該將嚴格的注意力放到保護精神想法的事情上來。如果我們想進入精神層面，我們應該不要把思想的事情浪費在理想的思考上，例如把思想放在貧窮、不滿足、嫉妒的想法上。我們應該明確地把所有關於貧窮和失敗的想法從我們的思想中清除出來，說到我們思考和討論的事務上，我們應該盡可能地使用那些高尚的話語。

無論植入無所不在的神靈物質的起源的文字是什麼，這個起源的文字都會發芽和生長，為以後帶來果實「在它繁

殖以後」。就像是農民會挑選出最好的種子用來繁殖生長，因此我們必須選擇會帶我們向前進並且能得到豐富收穫的文字。

我們的腦子裡要有上帝就是我們安靜的夥伴的想法，因此，上帝的智慧和力量，上帝的能力和技巧，我們都可以使用。我們應該意識到，每個靈魂都毋庸置疑地代表著一個傳播神靈物質的儲藏室（是前者努力的結果），隨時準備和渴望著被發掘和釋放出來，並且可以滿足我們的所有需求。

為了取得對神靈物質的控制，我們必須用我們的思想去理解它；就是說，要抓住這個想法去理解它。正確的思考對於提供建設性的正確的結果是很有必要的。

身為父母的上帝已經為我們提供夠充足的了。事實上，當一個嬰兒來到世界上時，他就擁有了許多才能，一旦他被派遣到無處不在的太空世界有意識運作的工作時，一個通道就會開啟，在那裡，會給予他恆久的供應還有支持。神聖物質植入了清醒靈魂的神聖生活的想法，並且會帶來新生，上帝的兒子。

以下對於禱告的理解可能會喚起人類對他們神聖的供應和支持來源的意識：

一個現實的想法對我有很大鼓舞，就是我是活著的並且能與活躍存在的神靈在一起我感到很興奮。

有時候，顯示證明，繁榮的上帝工廠貌似放慢工作的腳步。理由如下，第一，人類的意識在厚厚的物質性的封皮上運作，這是很難開始行動的。第二，人類還沒有完全地掌握世界的運作能量。

為了克服這些客觀條件，人類必須進入靜默狀態並且做出像以下禱告一樣的理解：

我可以從呆滯的事物那裡釋放出來。

世界強大的工作力量給了我很大的鼓舞，並且我清楚那掌管上帝的充裕的法令。

然後以這樣的理解去處理事情是非常重要的：

神聖的物質全部都進入了我的意識思想裡了，透過這樣，我所有的事情都會成功的。

上帝創造了我們，因此我們和上帝之前存在著一種非常重要的連繫。腦子裡保持著這種真理，會使我們感情更容易地流露和享受。

成為你的建設者，充滿活力，努力地工作；

是生活和命運的建築師，

即使要努力的奮鬥和做好充分的準備，

都是為了到達一個更高更宏偉的舞臺，

不是為了消極，老去，甚至是死亡，

這些就是對人類的衡量，

但是在生長，建造，生存方面，

生活都是被我們主宰者掌握著的。

充滿歡樂的禱告

　　在太空中都有這樣的共鳴，就是我們人類還沒能被識別或者衡量。這些還沒被發現特性是和思想的本質密切相關的，所以必須要對演變的人類超級頭腦的才能有所理解。當一個經過訓練的基督形而上學論教徒用受過訓練的意識禱告說他可以和太空力量取得連繫的時候，他就透過這樣的做法獲得了與思想本質的特定連繫。因此，這種意識的獲得通常是經過基督意識或者是神聖耶穌基督的思想所指定的。當獲得了這種連繫的時候，就會感覺得到一股強大的精神力量，並且你就可以獲得精神信念活動的保障，這是時至今日人人都能意識到的。

　　但是，沒有人能真正充分了解生活的樂趣，直到他能對和上帝的精神交流有了充分的理解。沒有人能真正充分了解生活更別說了解生活的樂趣，直到他進行溫順和充滿感激的禱告，並且得到了對耶穌基督親切和純淨的領悟。這樣，就會得到真實並且持久的快樂。深入的內心生活的本質只會向那些精神上參透的人提供來源。

　　你是否有向自己的靈魂餵養過科學基督的歡快呢？如果你有，那麼你應該能對它們有所領悟，並且對禱告得來的充裕的生活感到感激。然後你就會發現，一股強大的潛意識生活流會

往上注入你的靈魂，你就會清楚知道，你至今都一直生活在生活的淺灘上，並不是生活在深淵裡。你會被賦予和其他所有一切事物的連繫，你的內心就會感到無比的平靜和和諧。

人類必須知道精神調諧，在其中，是十分祕密的來源。音樂天才家說，在他們的藝術作品出來面世之前，他們會第一個欣賞自己的作品。詩人會賦予文字和當地的住所甚至一個名字以像是幻想出來的實際思想。

畢達哥拉斯，一名遠古的哲學家，寫過：上帝用歌聲來表達宇宙，太陽和星球都是宏偉宇宙事物中的音符。莎士比亞的《威尼斯商人》（*The Merchant of Venice*）中有一個角色說過：「在這個海岸上沉睡的月光是多麼的甜美啊！我們坐在這裡，讓悅耳的音樂穿過我們的耳朵：是如此的柔和，夜晚變成了甜美和諧的格調。坐下吧，潔西卡，看看天堂的地板是怎樣的，是不是鑲嵌著密密麻麻的閃閃發亮的黃金呢；這不是你看到的最小的天體，但是它的動作就像是天使的歌聲一樣，依然像年輕眼睛那麼天真無邪，不朽靈魂裡的就是如此的和諧；但是同時，那些腐爛的模糊的衣裳，被整理後關了起來，我們是聽不到的。」

把對上帝的領悟當成是一個偉大的追求，無所不知的存在，無所不在的能量供養，在其中，人類行使職責並得到救贖，建立一個強而有力的中心，不斷強化我們使我們能把不好的信念去掉。俗話說過，在航行的生涯中，樂觀快樂的人

才能成為一名出色的水手，這說的沒錯。擁有強大、歡樂的本質會使人跨過把旁邊的其他人絆倒的所有困難。歡樂，精神上的歡樂，都是我們神聖的權利，推動我們向前，引領我們走向成功。

只有充分地了解上帝是個歡樂的上帝，我們才能建立一個持久強大的中心。透過我們對這個真理的領悟，我們才能暢快的品嘗生活這壺美酒。在平靜，恰當，冷靜的時刻，內在的男人，內在的女人，都對那新生的歡樂的希望感到激動無比。在禱告中，我們得到的所有高深的領悟都會使我們變得強大，使我們取得更大的成功。

當我們禱告的時候，讓我們帶著一定的目標去禱告，因為目標讓生活變得更有意義，目標使我們更歡樂更熱情的去生活。只有當我們朝著我們的目標去努力的時候，我們才不會輕易被其他事所擾亂。目標能喚醒新的思想，進而促使這些新思想通往一個新的成功領域。想要得到成功，我們腦袋中一定要有個偉大的目標，然後朝著這些目標去工作。但是首先，我們必須總是把我們心中的目標放到我們的精神層面上。

當我們學習偉大的存在與力量時，我們就會意識到，在我們生活的章節中是不會一直失敗的，我們要一直擁有自己的目標，這個目標會使我們到達想要去的地方，以最高貴的方式來實現它，在上帝面前充滿喜悅。

如何處理意識的精神力量

　　真理學者處理意識精神力量的的第一個步驟和處理其他的方法是一樣的，就是要意識到上帝是唯一的力量來源，跟著拜倫一起宣布：「我們要禱告的，只有上帝！上帝是偉大的！」

　　心智這個詞來自於希臘的神話集，意味著氣息、生活、心智由國王的三個女兒之中的一個顯現了出來。這三個「女人」分別是精神、靈魂還有身體。心智是靈魂在地球上的許多經歷中產生的，包括它的失敗還有它的成功。

　　上帝都是一樣的，不管是在昨天、今天還是以後，祂的法律都是一樣適用的。人類透過對上帝法律的翻譯，根據它去運轉，盡自己最大的能力去努力成長，證明他們主宰著自己生活中發生的所有事情。

　　如果人類可以成為科學處理精神力量的專家，那麼他們首先應該要徹底的理解這些力量到底是什麼，尤其是，他們應該知道就像其他力量一樣，他們都是服從於上帝的法律的。在心智和靈魂的領域裡，包括了個人所經歷的所有意識總和。

　　在靈魂領域的分析中，第一層次是我們擁有的是動物靈魂。動物靈魂包含著所有的感覺跟想法，我們接受所有關於動物的生活。透過人類的思想，動物靈魂造就了動物的人類。

　　靈魂領域的第二個因素就是人類靈魂，這個層次比動物層次的高，包含我們參與人類意識的所有想法和感情：對家庭、朋友、商業夥伴，或者是個人財產的所有想法。

　　靈魂領域的第三個層次也是最高的層次就是精神。這個層次的靈魂是所有想法和願望的貯藏所，在這裡我們擁有對上帝和其他事情的精神認知。在這裡，我們同樣可以發現把我們和上帝連繫在一起的意識，從而搭建一座人類和神靈之間的連繫橋梁。透過禱告、冥想，能幹的人類就會為他們的靈魂建立起精神特性，從而統治動物和人類的本性，透過這樣，準備著和耶穌基督一起得到重生。

　　沒錯，透過靈魂的動物和人類的這兩個部分，我們對所有的自然物質包括地球、太陽、月亮、星球等都充滿同情之心，這些物質同樣被賦予了靈魂特性，當沒有強大的力量可以證明時，它們的反應是會影響到我們的。但是，我們每個人都是擁有強大力量的：神靈。在《創世紀》中描述道，精神的人類，充滿想像力的相似的人類，被賦予支配統治著所有的一切生物的能力。就像莎士比亞所說的，「過錯並不在我們的星球，而在我們自己，我們都是部下。」

　　我們在向前進的時候，我們經常努力地把上帝是唯一的、是最強大的思想放在腦子裡。我們必須知道和理解上帝的工作是強大的、智慧的，透過每個考慮過的方法帶領我們

走向光明，幫助我們避免錯誤的情況。內在的基督是「不會靜止或者睡著的」；和純潔的神靈一道教會我們偉大的真理，我們是「上帝創造的」，因此，我們控制著所有的思想還有條件。

當耶穌降生在伯利恆的時候，東方出現了一顆星星，向聰明的人類指出那個年輕孩子的出生地。一個強而有力的靈魂從此被人體化了，來到地球上進行強大的工作。是多麼好的降臨啊，整個宇宙充滿的歡快的歌聲。對個人來說，這意味著，在東方出現了一顆閃亮的星星，揭示著我們的靈魂正在被照亮和啟發。這顆星星是我們潛力的象徵，代表著我們的發展能力。最後，在地球上，我的救贖顯示出了強大的精神力量。但是，只有那些得不到精神上的啟發的人看得見那顆星嗎？不，他們有眼睛但是什麼也看不到。只有被照亮，喚醒後才能感覺的到在伯利恆的哪顆星。因此，我是精神在人類身上有著強大的作用，但是人類卻不知道。聖經同樣向我們透露神靈經常命令靈魂去工作，去顯示它的力量的方法。

今天，人類闖入了前所未有的精神境界，不是有意識地與神靈連繫，變得與他們自己的精神糾纏在一起，是整個種族精神共鳴的補充，這樣通常會帶給我們非常不愉快的經歷。

實際上，在所有的人都被加快時，頭腦裡就會缺乏對飄忽不定的真理的理解，導致對很多東西有了奇怪的觀念。在這種情況下，人們就會變得異常敏感和奇思異想，覺得自己被批評了，其他人都在討論他是所有事情。出現這種情況是原因是，想努力透過媒介和唯心降神會得到與死神的交流。

有這樣的一種領域，在那裡，如果靈魂離開了身體，它會變得無力運轉的。唯心論者把這領域稱作「精神土地」或者「靈魂的家」。早些的基督教徒教導我們，那些死亡的人只是在沉睡而已。對所有人來說，這是不正確的，但是對那些長久艱苦地生活的人，他們感到厭倦了，就希望休息和沉睡了。保羅說，「因為你沒有領悟到那神聖的身體，你才會沉睡的。」那些在他們生活中早就失去他們身體的人，只是做好立刻轉世的準備而已，從此就沒有沉睡的必要了。

最終，所有的靈魂都作為嬰兒轉世到了地球，在適當的時間裡處理了他們的問題，遠離了死亡。但在轉世之前，他們經常努力地去和地球上他們所愛的人取得交流，這樣從來沒能使人滿意，是沒有結果的。坐在降神會裡的人都冒著一個很大的風險，比起他們真的和他們所愛的人取得連繫，他們更加傾向於與精神力量取得連繫，這個消沉的命令正在趨向於削弱他們對上帝的信念。

保羅說，「我們的格鬥並不是反對肉體和血液，而是反對

黑暗的原則，反對黑暗的力量，反對黑暗的世界規則，反對在神聖地方上的邪惡的精神。」當一個人擁有了基督的力量和主權，他就會發現神靈會經常利用心理揭示向他透露出一些資訊，這對他來說是非常重要。這些資訊是透過理想和願景透露出來的。當靈魂依然是在睡著時，真理的神靈會把資訊放在有思想圖片組成的頭腦螢幕上。如果你覺得這些資訊是有建設性的，你能讚揚上帝並且表達感激之情就最好了。如果這些資訊是消極的，沉默地把這些資訊帶到上帝的面前。直到你領悟到神靈會滲透到所有情況中的啟發之前，你要保持著明亮的想法。精神照亮轉變，重建，並帶來美好。約瑟夫，雅各的兒子，是一名解釋夢境和幻覺的專家。然而，一些古老的創始者對破譯夜晚的想像的藝術是非常精通的。

精神領域是原始人類（亞當和伊夫）首次運轉的領域。比起去傾聽聖言，他們卻去傾聽戰神聖蛇（一個敏感的人），一直到耗盡神聖物質之前，他們學習那沉溺縱容的感覺。隨後，身體隨之分崩瓦析，這是物質上的死亡。因為這個原因，人類家庭失去他們在天上或天堂的原始身分，陷入人間肉體意識裡。

現在，我們透過基督，我們傾聽上帝耶和華的教導，透過祂，我們遵循生活的法令，我們正在被恢復理解，我們生活中的一切要素一直都在，都是我們的，任由我們使用。透

過基督，人類擁有了統治權，透過基督，在身體和靈魂之間建立一個完美的連繫才成為可能，並且能進入全能的意識當中，因此，我們被恢復到天堂，我們發源地的上帝的天堂。

我們不要認為精神領域是邪惡的，並對它感到害怕。透過基督，我們獲得統領所有領域的主權。透過我們自己的基督主權，發展壯大我們的精神力量去掌控精神領域，使之良好的發展。在這個領域中，展現出的強大力量，正在被物質科學發現，耶穌經常指出「天堂的王國」或者上帝的王國，透過禱告，我們可以非常的接近它甚至就在我們身邊。這個王國是超越精神的，等待著我們透過禱告來使用它。耶穌告訴祂的追隨者，在祂昇天之後，祂上升去到耶路撒冷（意識高尚，寧靜的地方）上面的房間裡，在那裡，聖潔的神靈會為他們帶來能量。科學說，乙太具有的動態能量超乎我們的想像。洛奇爵士被指出說過，那裡具有超過 1 立方英呎的能量，能使 40 馬力的引擎運轉 40 萬年，這是超乎所有人類想像的；科學告訴我們的許多關於乙太的能量的故事和這些都差不多，但是如果這些故事在聖經裡出現，無神論者就會指出，它們是使基督教徒受騙的一些例子。

耶穌說過，所有的能量都是應該給予我們的，會為我們的想法帶來無限的容量。就是為了確認掌握和統治所有的條件：我就是我。

透過耶穌基督，我掌控著存在我身邊的意識領域；透過耶穌基督，對於處理光榮上帝的所有意識形勢，我得到了充分和完整的理解。我被神靈之光照亮著，我「所有的想法都服從於基督」。我承諾我對耶和華的所有工作，我的目標已經建立了，我腦子裡的所有意識都被重生的思想轉換了。

征服人類的強大精神

　　根據起源說，上帝根據祂的想像和樣子創造出了人類，應該會擁有他們創造者的所有特性。輕輕掃視一眼剛開始創造出來的人類，貌似和上帝或上帝的兒子一樣。再深入觀察創造的程序，然而表露的是，人類需要完成發展他們與生俱來的能力的工作，「想像」和「樣子」。根據以下段落「根據我們的樣子，讓我們發揮想像的創造人類吧」，我們繼續往下讀：「讓他們掌管海裡的魚，天上的飛鳥，地球上的所有牲畜，地球上所有的爬行物。上帝根據祂的想像創造出了人類，創造了男人和女人，上帝對他們祝福並跟他們說：要生產和繁榮出更多的後代，讓他們把地球充滿，並征服地球；還有掌控海裡的魚，天上的鳥……還有其他一切的生物。」

　　用現在的語言翻譯出來，我們可能會說，上帝創造了像祂一樣的人類，他們會履行他們存在的法律，在他們活動的領域裡，獲得並掌管著特定的能力。這些力量象徵地被描述成「鳥」、「魚」、「爬行生物」，透過這些能力，人類掌管著地球。整部聖經講述給我們的是人類在爭取權力的經歷。除了聖經，人類的所有故事，都是關於人類大家庭怎樣去努力履行那一開始就植入到他們身上的創造性想法。「天堂上的飛鳥」就是他們的最高理想，「牲畜」或者「田野裡的野

獸」是個較低的指令,「海裡的魚」是他們形成或積聚的衝動,「爬行的生物」代表著現代科學的微生物,它們被聲稱為造成許多災難的原因。之前一直被假定認為,人類的權力透過侵略,透過物理掌握來行駛的。這個想法一直教唆人類去發動戰爭和施行暴政,對於全部的這些,高尚的思想告訴他們,這是對神聖法律的直接的違背。

由我們經驗得到的更高的理由,迫使我們轉向另一個比起解決「統治」物理的問題的來源。

一個關於誰會成為統治者的最好的例子,透過精神的發展,我們都指向耶穌,祂是所有一切的主宰者,耶穌是上帝的肉身顯現。

今天,耶穌基督是公認的理想的統治者;祂擁有超人的完美的表達;祂擁有充滿神性的身體。耶穌基督是無限美好的存在,祂是美好的實現和表達。因此,今天,透過耶穌基督,上帝是無限美好的存在,我們是美好的實現和表達。今天,耶穌基督被稱為「美好,顧問,強大的上帝,永恆的神父,和平的王子」。耶穌基督是統治者,雄偉而簡單的。祂和人類的連繫,使祂的柔和,從仁慈優美的接觸中展現出。當我們想到,在上帝的教導歷程中發生的強大的意識改革,我們的理解至少達到了祂為這個歷程所做的一切的程度。「祂是不會輕易發怒的,勝過勇士;並且祂靠著祂的精神,統治著一個城市」。

耶穌管理著祂自己的精神。透過基督，我們正在學習的管理我們自己的精神，去獲得掌管一切文字和想法的能力，沒錯，控制著一切存在的脈衝，不單只是靈魂方面的，而且還包括物質方面的。他在我們當中展現正義，就是要教會我們如何去掌控；祂在我們當中展現正義，就是要激發我們的新想法，激勵我們努力去實現我們的目標。

在事物的世界裡，管理者能強制的使人服從，但是，統治者的管理者是不會「強迫」的，透過祂的精神能力，激發了服從。

耶穌掌控著罪惡，病痛還有死亡，祂獲得了一個恆久的意識狀態，在那裡，致命的弱點不能進入。愛默生說過，衡量一個統治者的能力，在 20 年之內，需要帶領所有的人類聽從他的意見。今天，從未有過的，兩千多年來，自從耶穌在地球上開設祂的部門，祂把祂的意見或者說是從未有過的這裡帶到人類身邊。

但是，基督同樣也是個僕人，我們追隨祂，因為祂的服務是最好的；因為，在我們努力克服我們的罪惡時，祂支撐著我們 —— 祂用溫柔和耐心來支撐我們。當我們與祂一起禱告的時候，祂會引領我們到一個高尚的精神意識狀態，在那裡，我們獲得了上帝的所有和祂的法律的理解。

當耶穌被一個狡猾的律師問到強大法令時，祂很快就回

答，所有的法律和先知書都可以被概括，因此，你應該用你的全心，你的靈魂還有你的思想去愛護你那神聖的上帝。這是最好和第一的法令。然後，第二就像這樣，你應該像愛你一樣的愛你的鄰居。對於這兩個法令，整個法律原文和先知書寫道：「對於所有發展精神的人來說，這是一個測試，一種挑戰。這種思想態度，帶給我們和神聖思想一樣的思想，因此，我們可以去接受它的祝福。但我們建立了愛的思想，神聖就會同步的發生。神聖的思想是有固定的感應頻率的，透過基督，人類的思想就會得到感應，就像無線電接收機的頻率同步於廣播電臺的頻率。為了能夠接收的到上帝的思想，我們必須使我們思想感應的頻率達到特定的標準，因為只有當我們的思想以最高速的頻率去感應，上帝才能讓自己啟示我們。最有效率的無線電接收機，取決於電子管的數量和電磁場對千赫運轉的調節。以同樣的法則，為了帶來有想像和相似的人類，人類必須發揮他那十二種強大的力量，以用完美的神聖思想一樣的旋律去運轉。」

在沉默中，當他的思想穩定的固定在上帝上時，無限的愛的意識就會執行，人類大腦細胞的活動就會同步於統治者的非常腦細胞。就會得到愛中心的智慧原理的回應，因此，人類就會成為一個精神上的無線電接收機，有能力去接受神聖思想的傳播，有能力去透過他的整個有機體播放出來，他

甚至能透過周圍遠近的環境播放出來，他就建立了一種只能透過精神力量才可以限制的能力。

　　人類必須記住，在精神擴充套件的道路上，一定要把握住你要關注的目標。就在我們的中間，在思想領域以及在顯然的世界中，將發展出一種強大的力量，它能中和處理所有具有破壞力和無效的力量，能消滅疾病，恢復和平，健康和豐富的意識。

履行

「上帝以祂自己的想像創造了人類，以祂的想像創造了他們：男人和女人，並且上帝還賜福給他們。並且在上帝完成祂所做工作的第七天，祂停止了祂所做的一切工作。並且上帝賜福給第七天，把這天定為聖日，因為在這一天，在做完祂所要創造和完成的一切工作後，祂可以休息了。」

科學告訴我們，所有的生命形式都是由細胞聚合而組成的，所有細胞都是由分子和原子組成的，原子又是由電子和質子組成的，靈魂的光亮和能量，一切都是源自原子和它聚合的展現。因此，在斷言原子裡的核心是精神時，我們是安全的，聖經裡人物的思想裡擁有這種原始的光亮，當他們談到光亮的神靈的時候。耶穌宣告：「我是世界的光。」「你們是世界的光。」但祂這樣說的時候，祂的內心之光為生命和智慧創造出所有。當使徒詹姆斯寫道，「所有美善的恩賜和完美的賞賜都是從上面來的，從光芒的上帝那裡降下來的。」他的話語在約翰福音裡得到證實，第一章節裡說：「生命在他那裡，生命就是人類的光。光照亮黑暗，黑暗卻從來無法逮捕到光芒。」來了一個人，是上帝差使下來的，名叫約翰。同樣來見證，他可能來見證光，這都有可能透過他來相

信。他不是那光，但是是來見證光的。來到這個世界的光，是真理的光，是照亮世上一切生物甚至是人類的光。

這些光和能量是放射光和產生光的單位，其中，白熾電燈就是一個例子。由此，我們可以得到一些線索，對於人的狀態，他的身體就是十億和數兆的細胞的光中心，它們中的每一個細胞都閃耀出不同顏色和輝煌的光芒，形成了一個充滿光輝的身體。如上述所說的約翰，這個光環在黑暗中閃耀，黑暗卻不能逮捕它。思想必須被基督照亮，這樣我們才能看到每個靈魂發射出來的光芒。當光發展壯大了，對那些知道如何在外部意識狀態下進入沉默狀態的人來說，就會變得可見了。在《啟示錄》的第一章節中，約翰說：「我在神靈上主的天，我聽到我後面那很大聲的聲音，就像一個吹號……我看見七個金燈臺；在燈臺中間，有一個像人類兒子的人，披著一件垂到腳的衣服，胸間綁著一條金帶。他的頭髮是白色的，像白毛，潔白如雪；眼睛如同火焰一樣，他的腳像是磨光的黃銅，好像在煉爐裡精煉一樣，他的聲音像眾水聲一樣……和他的臉，就像是被陽光照著一樣。但我看見他，我就像人死了一樣俯伏在他的腳前。他把他的右手放在我身上，說，不要怕，我是第一個和最後一個，而且是活著的那個；我死了，看哪，我是永生的，並且我有死亡和陰間的鑰匙。來這裡，約翰，在他的靈魂光中心休息，可以看到復活的主。」

這種精神上的光的發展，是我們的命運，我們不得滿足，除非我們「清醒的與他相似」。所有的都是在某種程度被放射的精神之光，尤其是那些具有對神靈的精神和普遍性理有所理解的。我們感覺到光，當我們從真理中獲取了新想法的時候，在精神上，看到它閃到我們了表達當中。其他人感受到了它的影響力並透過它移動到更高的地方，或者，如果它的光芒是陰暗的，他們就會變得憂鬱和沮喪。

科學對偉大聖經真理的理解，刺激靈魂對精神獲取的渴望，渴望得到精神上的滿足。今天，許多開明是人驕傲的承認耶穌基督是完美盛大的實現，因為在約翰啟示錄中，他們宣稱他的承諾：「如果你們常在我裡面，我的話也你們裡面，無論你什麼的願望，它必定會幫你實現的。」「如果你們遵守我的話，你就永遠看不到死亡。」

我們的陶醉只是集中在耶穌基督的名字，集中在猜測祂靈魂實現的歷史。我們樂於猜測的真正原因是，為什麼祂那麼快提前我們的時間。當然，耶穌基督是人類發展的循環產物，是我們當前發展的循環。在地球上時，透過掌握我們今天只有一個暗示的精神法則，他似乎創造了很多的奇蹟。想一想，在那些時代，身體已經死了四天的條件。想像耶穌的請願被聽到而去感謝上帝，然後講述生命的道，在這個長度的時間裡，人類一直躺在墳墓裡。然後想像，這個熱播立即

被安排了新的生活；想像偉大的生命流流經他的每一個細胞和纖維，直到他走出墳墓，恢復完美的健康。想像耶穌在意識與上帝的完美統一，對許多「生病就要死」的人說很多治療的話，發出一瞬間就可以拋掉疾病並向未來前進的好聲音。

耶穌教導我們如何去禱告。祂教會我們，禱告不僅是接近神父的精神方法，透過禱告和理解，我們還可以獲得上帝的完美生活和愛和力量的意識滲透。耶穌向我們展示，我們是祂牧場裡的羊，也就是說，我們都是祂的孩子，祂是我們的哥哥，我們的助手，我們是祂的人民，並且祂對我們的進步很感興趣。

耶穌基督已經為我們提供，為我們正在進行的比賽提供了今天最大的動力。如果靈魂的種族（象徵著夏娃）參入了快樂的感覺（象徵的聖蛇）並尋求除了耶和華上帝的其他指導，整個人類大家庭就會逐漸墮落，直到人類全部都走向不好的道路。必須要做點什麼，好歹，在某種程度上，我們必須走出深處那最黑暗的思想意識。

為了提升思想意識，耶穌被靈魂必要的同情心迫使和尋求他的幫助的人成為親密的夥伴，因此，祂在種族上得到展現並且「像我們一樣被所有點誘惑，但是沒有罪惡」。

透過祂在十字架上的經歷，祂的珍貴的血液噴灑，透過祂的遭遇，耶穌降低祂那種族的意識，從而管理整個種族血

液的輸送，授予靈魂和身體存在的屬性，進而使人類從祂神聖存在中重生。

今天人類的輸血醫學是生命這個重要輸血的方式的複製，我們正在實踐的道路上，在實踐耶穌基督的道路上！

耶穌基督把祂血液中的電子廣播到種族思想的氛圍裡，它們可能被所有相信祂的人所理解吸收。這些電子成為那些去適合它們的人類的能量和生命的核心，因此，人類正在逐漸轉換和再生他們的血液和身體。這就是被耶穌基督拯救的真正精神意義。

血就是生命，耶穌真的為整個人類家庭帶來一個很大的生命意識。祂說，「我來你們才能擁有生活，並會變得更加的豐富。」

生命是一種宇宙能量，甚至可以移動血液的小血球。因此，生命是比血還更強大的。因此，我們認為，它是透過「脫落」來摒棄血肉的觀念的，耶穌就是透過這樣來完成祂那偉大的工作的。祂是輕輕對待偉大的神聖生命並且提高祂對神父的生活意識。透過祂，我們都可以進入這個永恆的生命流。我們必須真正地消化祂的物質，就像祂教導我們的一樣；也就是說，我們必須適當的把它作為我們的精神。我們必須喝祂的血，讓祂的生命流流經我們的思想和身體，用每一個方式來癒合，清潔，淨化我們。這就是透過耶穌基督，人類的生命和上帝的生命的救贖。這就是完美實現的方法。

發展

　　上帝純淨的生活和物質在不斷地更新和重建祂的聖殿，我的身體。

　　新的和豐富的想法出現在我的腦海裡，然後我展現繁榮。

　　「聯合」宣稱聖經教導的進化論，正是那裡，耶穌教導的進化論。

　　耶穌的進化是思想和身體進化的結合。

　　耶穌的身體是由植入的胚芽發展而來的，是瑪麗，祂的母親植入的。

　　科學說，所有從原始動物到人類擴充套件的階段，都是人類有機體發展的說明。因此，我們必須得出以下結論，耶穌的身體是神靈有意義的擴充套件。

　　然而，聯合教會教導我們的靈魂和身體的進化：在約翰福音第一章節，在發展中的「話語」大題目下，就是對進化論的總結。聖經權力機構說，「話語」是希臘單字標識得一個很差的翻譯。標識傳達的是上帝的想法 —— 植入人類的想法 —— 從完美人類的邏輯中發展。

　　上帝是神靈。在創造方面，神靈掌握著思維的方式，為

自己植入物質，並且發展成完美的人類。這裡我們只用幾句話進行來概括描述，這裡都是對關於生理和進化論、心理科學和心理學、宗教還有精神哲學的所有書的縮影。

在我們腳下的岩石，儲存著生物的化石，這是已經透過更好類型的動物生命所得到的成功，這是生命從低階到高階進化的證據。人類學告訴我們，人類居住在地球已經至少有一百萬年了。許多人認為，目前人類的身體擁有自然力量，如果這些力量被釋放，就可以改變身體。透過那些閱讀行間裡的字，我們可以發現，聖經正在為我們揭開進化儀式、個人行為的神祕面紗。

因為每種語言的所有單字都是根植於人類的想法和行為的，所以，所有的儀式和宗教慶典都展現了人類與他的起源、上帝以及祂的靈魂的發展的關係。

這兩個約翰和耶穌的洗禮，代表了靈魂成長的兩種常見的形式，否定和肯定，摒棄舊的和把握新的東西，這就是進化。

總體地說，施洗者約翰代表著完美的自然人類，他認可他的結局，並放棄自己的人格，所以，超人基督可能會取代他，因此，這就象徵著靈魂從個人到精神的進化。

擁有一個對參與從自然過渡到精神的原則的清楚理解是至關重要的，否則，將會以後的道路是困難的。

　　耶穌稱讚約翰是最完美的女性所生的人 —— 也就是說，亞當或自然的人 —— 但是他解釋道，即使約翰是完美的，但是還不能被拿來與屬靈的人相比。他還評論了那些在自然飛機上企圖用迫使（暴力）來獲得靈性（「天國的王朝」）的做法，是徒勞的努力。

　　在從自然到精神的發展程序當中，不僅是頭腦，而且身體也會受到影響。關在生理細胞的能量被釋放出來，肉體的身體就會被改造成一個發光的光體。這是一天接著一天的細胞轉化，直到整個身體被「電氣化」並進入到第四維度或者天朝的王國。耶穌完成對他的身體的這種轉變，並且成為了一個電力廣播電機，透過我們的種族意識來廣播生命的胚芽。我們就在這種轉化中追隨著他。

　　這些在耶穌身體裡的生命的胚芽，為所有人類形成一個全新的種族有機體的核心體。透過建立耶穌是純淨神靈物質的偉大來源的信仰，所有地方的所有人都可以參與（吃）耶穌的生命體（麵包），當播種靈魂的種子時，人類就可以從意識感中被拯救出來。

　　人類不單只可以吃這個超級身體的物質，而且還可以透過對他的超然生命的信仰來進行吮吸。這樣吃他的身體和喝他的生命或血液，是真誠基督教徒日常所參與的「聖餐」。

　　經過了解，這種存在於耶穌和他真誠的追隨者之間的非

常親密的連繫，正在改變著成千上萬基督教徒的身體，他們曾經一直苦於認為在基督，新的身體是在死後才能獲得的。

「我是復活者，我是生命。」

「人類如果遵守我的話，就永遠不會見到死亡。」

當人類知道在超級思想力量面前他是永遠正確的時候，就會永遠的被推倒更高的意識狀態和更好的物理放射狀態，對取得更高的東西的神聖要求，他不能幫助和配合我們。

沒有人可以阻礙這個普遍向上掃描的整個創作，但是，人在行使他內在的自由意識的時候，他可以使他自己從靈魂和身體中分離出來，從而，人類迷失在幻想的意識當中。透過加入聖潔的神靈，努力地去獲得他對所有人的關注和合作，我們使它成為一個有人類參與的實踐，繫結我們每一步生命中的思想和堅定的話語，從而使我們走向強大的和移動著的耶穌基督精神。

思考想像

我像上帝看到我一樣看到自己，在思想和身體上是如此的完美。

我思想裡的所有想像是無處不在的物質的塑造，並且我為大家付出的夠多的了。

每次我們去看電影，我們正在見證一個不斷在我們頭腦裡發生的相似事件。這個相似事件就是一件事情的模仿或者重複。攝影機裡所投影的一系列小圖像的有形行動，是我們所使用過一切、我們頭腦對圖片創造能力的複製過程。然而，我們思想裡的圖片創造能力，是比起攝影機的模仿力更加具有實質性的。我們用血肉來為我們的精神圖片上色，而電影僅僅是閃閃發光的投影。

的確，人在理解生活深層次事物圖像方面的能力是比較弱的，並且它們在大腦裡的預測是暫時的。但是，那些對存在能源有嚴重冥想的人，能激起內在物質和生活，並能在乙太宇宙或「天堂王朝」製造出非常有實質性的圖片。一個獨占從頭腦投射的圖像，是還沒和靈魂物質取得連繫的，只不過是一個閃爍學者的小精靈，在精神沼澤短暫地閃爍，然後就逐漸消失了。

一個知識分子的思想想像和那些進入了精神物質和生活中的人的思想想像是有很大區別的。一個人可能在乙太中製造出精彩的圖片，但是，他們是沒有物質和生命的，所有去構造永恆的事物是非常重要的。耶穌在祂對在岩石上構建和在沙粒上構建的人的比較中有所說明，用沙粒建造的房子很快就倒下了，但是，用岩石（物質）建造的房子，大風和洪水都無法將它弄倒。

　　精神的敏銳和洞察力告訴我們，一開始就創造的神聖的思想，必須繼續帶著宇宙和人類向前進，這是它最初的構思。它還向我們表明，透過構造我們自己的完美畫面，我們必將看到上帝向我們投射祂完美的展現。

　　保羅說，我們應該達到耶和華光榮的程度：「從榮耀到榮耀。」耶穌說，「用你的耐心，去贏取你的靈魂。」「很多人都幻想著成為完美的人，正如在拔摩島上的約翰，我們都十分渴望能像他一樣，因此，我們變得不耐煩，急切地想抓住許多『承諾』捷徑來進入王國。」

　　但是，我們應該不斷地提醒自己，除了耶穌的教導，這裡沒有其他的捷徑。祂說，天堂的王國遭受施洗者約翰和在約翰時代的其他先知的暴力傷害，他們透過強制實施暴力。然後祂呼籲大家要注意施洗者約翰成為以利亞的轉世。在所有的老先知當中，以利亞是最暴力和具有破壞性的。有一

次，他對耶和華進行放火並摧毀了四百年的先知，巴力。這種崛起的殘暴和具有破壞性的世界力量，最終在以利亞身體的細胞反映出來並且把它們燃燒了，他被接到天堂火的戰車上。

我們通常被教導說，以利亞是天堂裡的一個聖徒，但這絕不可能是真的，因為，正如耶穌在馬太福音十一章 14 節的教導，他又作為施洗者約翰出現在地球上了。約翰同樣沒有進入天堂。他透過譴責希律來表達以利亞的精神，並透過他那具有破壞性的思想的影響，他把希律的頭砍下來了。所有的這一切都在引導我們進入我們強大的思想當中，並透過正確的思考，為我們的生活帶來和平、和諧、健康。所有耶穌對人類和祂強大的精神能力的教導，正在被現代心理學和無形領域的科學發現所證實。對我們來說，這不僅是一種特權，並且是帶來出生，上帝思想在我們靈魂裡的最初想像的完美的性格和形式的絕對必要。

被說出來的話語

精神生活加快思想和身體，還有我的全部。

精神物質填滿了我的思想並且填滿了我所有的事物。

我們知道，世界是被說真理的上帝的話語構建起來的，這實質上是《希伯來書》的作者的評論。如果上帝是由祂的話語的力量創造的，那麼祂給予所有擁有所有祂的神父的微型能力的人類力量，是個合理的假設。耶穌證實了這種人類話語的力量，當祂說，我們應該對我們最亮的話語負責，因為我們的話語會證明和譴責我們。

我們的話語是和我們的想法和行動交織在一起的，我們不知道如何分辨清楚因果之間的關係，實際上，我們沒有看清楚他們之間的任何連繫的規則。我們太關心我們那沒有原因的意識的影響。因此，在解釋法令的時，人類構建他的性格，身體和環境，我們必須反覆注意這些事物的來源、神靈和它對人類的洗禮以及聖言。思想和話語是如此的緊密結合在一起，我們通常把它們看作是一個整體。「心裡所充滿的，嘴裡就說出來」是你的原因獲得深入信念的真理，然後透過強大的語言說出來，它肯定會應驗的。

透過想法 —— 思想的構思的程序，形成了思想，把身體和事物顯現出來 —— 它的各個階段並不總是清晰的，我們通常不關心它最後完成的方式，實現我們的目標才是首要的大事。

然而，在人類的領域當中，去理解和目睹自己的有機體中的創造性思維的整個程序。他需要靈魂先進的指令來做這件事，但是，很少人願意去承擔這個必要的學習和紀律。在所有的形而上學論的學校是不會教這些了，因為這些指令不可能被放到文字當中。至今沒有話語是被發明來表達思想和身體的態度，這種態度需要提升人類身體的細胞生命，從而得到所需的力量。在乙太精神中，我們擁有大於物質幾百萬倍的振動速度。這就是天國裡的神靈生活，這是耶穌帶給我們的注意力，我們必須記住，如果我們獲得乙太或者連續的生活。個性或者「我是」必須集中注意這種內在生命的能力並且將它一直引入到我們的思想和身體，直到整個神經系統被神靈生命燃燒著。我們可能意識不到它，但是，我們都在尋求著這種內在生命的火焰，因為它是能量的唯一來源，透過它，我們可以把我們的原子感應能力提高到一定的層次，在那裡，它可以克服人性的緩慢和分裂流。

在天上，有靈魂的人都能做到這一點，所以他們讓他們的身體去協調精神生活，他們從此不會再受死。拿撒勒的耶

穌是璀璨的靈魂，被任命來拯救我們那被崩解破碎的法律影響的種族，透過祂，我們充滿生活的動態。

每一次我們聽廣播電臺節目，我們已經在擴散情報，一個由耶穌在生命擴散中完成的情報。在約翰的第一章節，我們可以閱讀，「祂就是生命，這個生命是人類的指明燈。」這裡的指明燈（情報）和生命被視為同一個。像所有神靈的屬性，智力或者感知特性是和行動特性連繫在一起的。這是一個乙太精神對乙太無線電的感應，在耶穌消失在天堂（hoi ouranoi）的時候，祂把祂的靈魂和身體融合在一起。在那裡，等待我們的去使用的是一個光芒四射的智力和生命。當我們轉移我們的注意力到那裡並把我們整個精神貢獻出去的時候，我們正在加快我們卓越的生活和智力。

當我們血液將要耗盡的時候，我們的醫生就趕緊的為我們輸血，忽略了一個事實，就是耶穌可以使我們有可能接收到祂生命的輸血，不但可以使我們從當時的弊病中恢復過來，而且最重要的是，使我們的身體開始淨化和激勵，最終將我們從死亡中拯救出來。

當我們努力讓我們的思想和話語像耶穌一樣，我們就會被祂加快並舉起。這導致的結果是治療：但更重要的是，我們被接種了靈魂的胚芽和身體的淨化。

你必須要定意

在我身上的基督的存在和力量，我注定得到完美健康的表現。

在活著的基督物質的存在和力量下，我向神索取財富。

上帝用祂的話語的力量創造了人類：「上帝說，讓我們用我們的想像去創造人類，在與我們相似之後。」透過祂精神的美德和授予的權利，人類在祂生活的話語世界形成了。耶和華告訴以利法，「你也應該去做一些事，必然會使你有所成就的。」人類說出的每一個字，都是乙太用創造性所激發的衝動，在適當的季節帶來它的想像和樣式。

人類的思想和文字格式化的力量，是由他自己的信仰管理和他想像說話的氣勢來激烈的。

耶穌期待祂的追隨者發生美好的事，因為祂知道人類身上有什麼，祂知道人類占據了上帝的力量，就像在《創世紀》第3章22節中的描述，「看啊，人類正在成為我們當中的一員。」耶穌承認這個，當祂說，「這沒有寫在你的律法當中，我說，你們是上帝嗎？」

我們沒有在上帝威嚴的兒子面前提出，因為我們身上的自我貶值和我們的無知是創造性的律法植入到我們身上的，

工作有複雜的自卑感人格。

耶穌嘟囔道：「看哪，我是微不足道的，我應該怎麼回答你呢？」

然後耶和華從旋風中回答約伯說，「束縛你的獅子，現在要像一個人，我要求你，並要求你對我宣布……用卓越和尊嚴來裝扮你自己，還要用誠實和威嚴裝扮自己。」

以賽亞說，「禍哉，法令律例的不公正。」我們的問題可以確切地追溯到那些不公正的法令中。我們已經對一千件我們不想發生的事情下了法令了，但這些事還是發生了，我們遭受到可悲的後果。

我們的身體是強壯還是脆弱，是依據我們對它所下的法令的。所有器官根據我們所頒布的法令來運轉，「我的胃是脆弱的」，服從的生命和物質已經為我們找到這種胃了。如果我們為我們的胃釋放力量和活力，這個器官就馬上開始執行我們的法令了。「說一句話，我的僕人就會治癒了」。因此，我們身體的所有器官和成員會回應我們的法令。

人類是上帝神聖的兒子，稱作基督。當我們知道我們自己的真理，我們就可以擺脫我們束縛和愚蠢的人格法令。不要在你自己的人格律令中自樂。透過在他的名字做你的律令來高舉基督。「在你身上的基督，是榮耀的希望。」

永恆生命的重要能量，存在於我們身體的每個細胞中。

科學宣稱，在動物組織的實驗中證明人類的身體會永遠活著。在最近的一個採訪中，醫生卡雷爾說，「唯一能使人類永遠活著的是擁有一個大腦和神經系統。」

形而上學者們知道，大腦和神經系統是思維的器官，人死了，是因為在他指導的力量中他是不明智的。

「全能會成為你的寶藏的，會給你珍貴的銀。」這是我們明智的老朋友約伯的繁榮的智慧。

「蕭條」拿走了他所擁有的一切，甚至是他的兒子和女兒。但是，他並沒有被擊敗，他聲稱，「聽著，我懇求你，然後我會說：我會要求你，對我宣布……耶和華會給約伯第二次機會，就像之前他所做的一樣。」

在上帝的庇護之下變得強大

我讚美和感恩，因為在耶和華及祂強大的力量面前，我變得很強大。

我要讚美和感謝的有很多，有形的和無形的，我在任何地方感覺到和看到的。

「在耶和華及祂那強大的力量面前，我們要變得強大」意味著，我們正在尋求除了物理來源以外的能量和力量。食物和鍛鍊是正常身體活力的來源。我們不討論精神活力，它是需要透過飲食、紀律和理想主義的結合來獲得。

一項關於真理的研究顯示，話語是在神靈的權威基礎上發展成動態力量的。話語力量在物理物質基礎上建立的和在精神物質基礎上建立的之間的區別是，從帶來光亮的銅線取得的連繫和帶來沉重電壓的銅線取得的連繫之間帶來的不同影響。

這樣的時間會來到，科學的形而上學將精確的測量來自於掌管物質想法和精神想法的大腦的電流能量的時候。

目前，思想的科學是非常原始的。我們，就像富蘭克林，放飛幾個風箏，匆忙地進入能量控制領域，最終將改變我們的整個世界。

　　然而，我們發現了我們頭腦和思想發生了非常明確的變化，當我們練習在沉默中集中精神的時候。這意味著，當我們想要去獲得精神力量的時候，我們的注意力仍然在精神上和身體上。在我們第一次進入這種「沉默」，我們閉上眼睛和耳朵，我們把注意力集中在裡面的一個想像點上，我們靜靜地重複帶給我們精神想法的任何話語。透過練習，我們可以在不閉上眼睛情況下取得內心的連繫。

　　在祂的指引下的有效的禱告，耶穌告訴祂的門徒，進入祕密的地方，關上門，向祕密中的神父禱告，表面上就會得到祂的回應。耶穌有時會整夜的禱告，祂教導我們要堅持禱告。我們發現，與超級思想 —— 耶穌叫做神父交流 —— 有時會使我們更快地集中禱告，然後，為了看到內心之光，我們的思想再次變慢。我們思想和創造性思維的連繫，可能與無線電接收機和廣播電臺的連繫相比。我們必須調整我們的接收機，這樣它才會從適當的電臺那裡接收到電波，所以，我們必須獲得能調節我們神聖思想的能力，所以我們可以透過對精神的學習來理解永遠存在於神聖思想的真實想法。

　　每個單字都有它的含義，憐憫地把它和人類思想中固有的想法連繫在一起，一旦這個單字被釋放出來，它放射出聯合或者擴散身體細胞和外部自然的能量。例如，擴散讚美、感激或者感謝的話語，就會釋放出自由並在各個方面散發出

能量。失敗或者虛弱的話語充斥著能量，就會導致細胞聚集在一起，使神經顫抖和使骨骼脆弱。

當思想被提升到去思考我們無所不在和無所不能的神靈神父，我們的聲音就會響起讚美和感恩的話語，束縛的手和腳都被釋放，束縛的城牆被毀滅了，我們就會踏進和前往一個充滿新意識的生活。

那些不良的話語似乎就是對充滿力量和權力的上帝的拙劣讚美和感謝，但是，成千上萬的那些在多年來忍受貧窮和疾病的人們發現，當他們在表達讚美和感謝的時候，他們的地獄之門敞開了，就像保羅和西拉，在《使徒行傳》的第16節有所描述。他們在禱告，唱詩來讚美上帝的時候，突然就有了一個大地震，所有囚犯的鐵鍊鬆開了，保羅和西拉踏了出來並成為了自由人。

所以，你會發現，你可以免受所有的牢獄之災，只要你細胞全身心地去思考，將你的聲音和心放在讚美和感謝自由、光明和生命的上帝的歌聲上。

與上帝面對面

　　許多基督教形而上學者，他們都對無所不在上帝的想法感到非常熟悉，向祂致辭，暗示著祂的缺席，而不是直接跟神說，祂總是準確地在我們的中間，我們談論祂。我們往往會說，「上帝既加強我的靈魂又加強我的身體」而不是「祢的神靈加強了我的靈魂和我的身體」。

　　我們的話語出賣我們的主導的心境，儘管，邏輯的真理可能會掩蓋這些。我們可以看到，在邏輯上，創造者和被創造者之前的精神不可能有任何的分離，但是，當在獨立於它來源的時候，被創造者有權力去思考自己，並且這個想法形成了一個精神真空，在那裡是一個完全缺乏精神的屬性。在這個星球上的人類家庭，就建立了這樣一個精神空間，除非我們訓練我們的思維去思考真理，我們會發現自己與上帝交談，就像他就在隔壁的房間或在天空上遙遠的天堂裡一樣。

　　我們在我們的時代，並不是唯一讓上帝成為我們交談中的第三人。聖經的作者也一樣。我們應該要記住，在今天生活的人和在過去生活的人是一樣的，換句話說，我們認為我們自己與上帝的生活分離，從而殺死我們的身體。我們也很像一些人，那些人扮演浪子的一部分，又渴望再次與上帝取得連繫。

然而，我們不應該忘記，儘管神父是「帶著慈心移動、奔跑，並摟著他的頸項，親吻他」，浪子還是在「遠處」。沒有人拯救耶穌，已經使那分離的海灣完全彌合，我們會被原諒，如果我們有時陷入我們從神父中缺席的舊意識當中。耶穌將正確的線索給了我們，當祂說，「這是神靈賜予的生命，肉體是無益的，我講給你的話語就是精神，就是生命。」

　　「因為神父有屬於祂自己的生活，因此，即使把祂交給兒子，祂還是要有自己的生活的。」

　　我們發現，我們必須用真理來訓練我們的思想，持續和不斷的向上帝祈求所有東西，並在保證下休息，我們向神靈所問和肯定的事情肯定會應驗的。耶穌對神父擁有超強的信心和信仰，因為神父作為健康和繁榮的來源，祂的名字已經成為同義詞並且為那些東西開啟展現之門。祂說，所有我們以祂的名字向上帝祈求的東西都會被授予。許多人透過默默地重複著可聽見的耶穌基督的名字，他們獲得了一個非常明確的精神提升和神靈意識。但是，這個名字並不代表人類真正的特性，除非透過我們對自己的認知，我們才可以知道。除非你有閱讀耶穌並努力去理解祂的愛，智慧和超級思想的力量，你對祂的名字的意義沒有概念。保羅敦促我們，讓基督在我們身上形成。這意味著，透過對耶穌生命和祂跟祂的思想的原則學習，我們應該將祂所擁有的相同想法放到我們

的腦袋裡。這些想法會在我們的腦袋裡形成，最後成為一個全新的人，上帝的人。

當你將你的注意力轉移到神靈上，你的思想會和一個超越你正常思考水準的精神領域取得連繫，當你穿透精神的最高層次，你將會得到很大的提升。然後你陳述你的真理，所有你宣布的法令都會實現。約伯的朋友以利法對他說：「現在認識上帝，你就會得到平安，福氣也必將降臨到你那裡……你也必須定意一些事，這些事將會為你建立，光芒會在你的方法下發光。」

不是魔法而是法令

我看到自己就像上帝看到我一樣，強大、健壯、健康的。

勤勉的、有活力的和誠實的神靈，激勵我現在行動，我是真正的繁榮。

這是一個在公眾心目中很普遍的想法，我們教會思想和話語的系統說謊：就是在所有地方的所有人都可以獲得任何的一切，僅僅是需要透過反覆重複某些咒語。的確，話語是有魔力的，並通常會導致它們誘發心理意象，這是非常令人吃驚的，就像令人想起阿拉丁和他的神燈。然而，對整個哲學的理解揭示了一個由原則建立並依賴的均衡。透過被判決，人類可以表達一個孤立的想法，在沒有遵守接受人類關係的法律情況下獲得結果。在沒有遭受不良反應的不平衡的方式下，沒有人可以使用動態的思想和話語力量。為了避免這個，一直在我們心目中占主導地位的永恆存在的神聖指令和法律的思想，這是我們必須遵循的，如果我們想要獲得持久的成功的話。耶穌教導我們說，祂是執行精神原則的源泉，智慧和祂所做的每一件事的力量。祂敦促祂的追隨者去追尋相同的內在動力。「去尋找，你們就會找到，去叩門，就會為你開啟」。

我們正在努力地去獲得神聖法律的理解，並在我們的生活中運用它，就像耶穌那樣，我們應該像祂一樣建立相同的和神父的親密關係。「因為神父愛祂的兒子，祂會把自己所做的一切事都展現給祂的兒子」。我們都是上帝的後代，當我們對祂的思想有所熟悉的時候，我們就得到了作為他兒子的身分。

在我們開始我們自由、思維實體的存在時，我們擁有一個對神父思想的特定意識，但是，持續在這種思想中思考我們自己是獨立存在的，就會形成一個冷漠孤獨的深淵。我們是遙遠國家生活意義的浪子。一開始就看到這些如此貧窮和裸露的物質生活的人，已經轉向神父的家的方向出發，這是精神上的回家旅程。地理位置識別不是問題，但是精神識別就不一樣了。「上帝的天國就在你們心裡」，耶穌說。不需要改變我們整個精神觀點來去尋求上帝，我們發現我們自己正在創造性思維的面前，並尋求其與這個思維合作，我們得到了精神上的鼓舞，並在最微小的生活細節中被引導。

在我們精神覺醒的早期階段，我們會意識到我們對上帝的依賴，我們是以一個謙遜的，聽話的孩子的態度來對待的。然後，在我們身上兒子身分的意識就會逐漸出現，在這個意識上，上帝就是思想的父母，我們繼承了構成這個思想的所有想法。如果我們繼承了這些創造性想法，從邏輯上我

們就會使用它們。就是這裡，就像耶穌解釋的，在創造性方面，這些兒子成為了神父的經營者。「因為神父有屬於自己的生活，因此，即使把祂交給兒子，祂還是要有自己的生活的，然後祂把祂的權力交給他們去執行審判，因為祂是人類的兒子。」耶穌是上帝唯一的兒子，在這裡反駁道：「因為祂是人類的兒子。」君權神授是上帝思想的行政權力，絕對不會執行存在於祂的法令，除非祂得到在思想和事物領域裡對統治和權威的領悟。

因此，我們看到，我們正在確保和上帝的連繫，期待會得到完美人類的成功抱負。「不可以貌取人」。現在在反面的表象面前進入上帝的思想，像上帝看待你一樣看待自己，強大、健壯、健康的。耶穌說，「你們不要把這件事看作很新奇，對於那刻的到來，在墳墓裡的一切都要聽到他的聲音，必然會向前的。」所有那些相信死亡面前征服是不可避免的人們，已經在精神的墳墓裡面了，但是，當他們意識到耶穌走出墳墓並說，「跟我來」，他們到永恆生命的天堂裡了。千萬不要害怕一路上與耶穌同行。

當浪子回來的時候，父親跑去迎接他，下令要給他穿最好的長袍，為他雙腳穿上鞋，把一個戒指戴在他的手上；並且為他舉辦一個歡樂的盛宴。這是個隨之發生的關於成功的寓言，當人類回到上帝意識中時。在充滿事物的世界當中，

勤勉，有活力和誠實的人是注定會成功的。這些品格都有一個神聖的來源，並且可以透過將它們附加到上帝的動態思想上，加快和強化對我們的激勵。「你也必須定意一些事，這些事將會為你建立」。

精神靈魂的治療

　　精神分析越來越受歡迎，因為它是我們靈魂容量的測量。我們對我們的靈魂和怎麼樣去拯救它非常感興趣。那些追隨耶穌的人在靈魂療法上比一般心理分析學家走得更遠一些；他們從神靈那裡吸收靈魂，並把他們作為靈魂和身體的原始來源和維持者。「這是神聖的精神。」

　　我們使我們的靈魂和我們所容納的想法的話語分離開來。因此，我們在選擇我們的話語的時候要非常小心，因為它們是我們傳達神靈去構造特性和結構的方法。所以比起精神分析，不如讓我們說我們有神靈幫我們做精神心理分析。

　　每個詞都根植於一個想法當中，不管這個想法是否從內部反映出來的。當我們希望去贊成，讚美，稱讚或者推薦我們去讚美和祝福。透過這種類型的話語和精神態度，他們為行動加入了激勵，加速和旋轉，最終建立了一個媒介的理想的特性。因此，讓我們記住，我們所使用的話語是思想的工具，並且這是我們尋求透過我們讚美和祝福的話語來擴大和建立的思想。

　　因此，「讚美」和「祝福」的話語是被那些愛精神價值的人自由使用的，因為這些話語是對表達創造性思想有很大的控制能力的。在他們孤獨的時候，「讚美」和「祝福」的

話語是好的關聯，因為它們是和稱讚的好的想法連繫在一起的。這些話語在悲觀主義者和無神論者的字典當中是找不到的。從各種來源中，我們了解到，科學家們正在試驗像謊言測試儀那樣可以測錄思想情緒的實驗儀器。這些儀器測量恐懼和勇氣，悲傷和快樂，實際上，每一個情感和精神態度都受到科學的觀測，它們是不會長久的，在我們可以生成每個思想力量的圖示之前，就像它們在我們身體上的神經和大腦細胞登記一樣。當這些大腦測試人員證明這種特定的情緒不但可以刺激還可以永久性地擴大我們的大腦區域，進而培養建設性的思維狀態，這將會成為我們共同學校課程的一部分。

形而上學者們發現，傳達感謝，感恩和讚美的話語會釋放出思想和精神的潛在能量，很快就會顯現出它們的使用影響，它們幾乎可以被原始的話語識別。

把你讚美和祝福的話語說給神靈聽，給我們的贈予就會比之前贈給人類的更多。神靈的資源是超越我們最高的想像的。你可以透過讚美，使一個虛弱的身體變得強壯，使害怕的心變得平靜和有所信仰；使脆弱的神經變得鎮靜和有力量，使失敗的生意變得繁榮和成功；希望和不足變得有所供應和支持。

在這個章節裡的治癒和繁榮的想法，是對那些正試圖證明話語對調節健康和財務狀況有強大力量的人的一個指南。

如果你在健康方面需要幫助的話，請使用這些宣告，要特別強調「力量」和「權力」這些單字。當使用這些健康生產的話語的時候，將你的注意力集中到神靈上，就想它是一條貫穿的存在，試著去感覺那和諧和健康的活躍的精神，這將會在一開始或者最後被展現出來的，這取決於你對時間的態度。如果你每天晚上從 9 點到 10 點加入到沉默團結的思想，你將會得到強大的提升。在展現繁榮的時候，即使財政狀況得到很小的改進，你也應該要讚美和祝福。

在精神展現的時候，記住耶穌對你的精神態度所說的話：「無論什麼事情，你應該在禱告中祈求，要相信，你們將會得到的。」這可能要重新措辭，因此：祈禱吧，相信你已經得到的，並且你將會得到的。

健康與繁榮

上帝是神靈，神靈坐落和出現在任何地方，祂是一個公認的智慧實體。因此，緊接著，無論誰透過話語把注意力集中在神靈身上並代表自己的身分，就會開始源源不斷的精神生活，所有的神靈屬性會進入和通過他的意識。在某種程度上，他透過唯一使他變成神靈的來源去練習識別自己，直到最後達到一個完美的結合，他可能會對耶穌說，「我和神父是同一的」。

許多人從小就被灌輸，上帝存在於一個領域中，這個領域和祂的創作領域是分離開的，祂像人類一樣有角色和激情，忽視了祂是人類身體的本質。但是，神靈是所有事物的本質是個好邏輯，那些已經和神靈生活取得連繫的人們，證明了祂已經為他們揭示了祂自己的本身，作為他們存在的來源的本身，即是，作為創造性的思維，上帝。

毫無疑問，耶穌是最根本的，數千人已經宣稱，上帝無所不在地向他們展示祂自己。

相同思想的東西，在所有時間和所有地方，上帝曾經創造出人類是被人類所接受的。實際上，我們每個精神概念都正在使用這些所有潛在的想法。因此，我們在與上帝種植想法的同樣一片土壤上種植想法，那些後代或者水果是相同類型的。「無論人類耕耘什麼，他都會有所收穫的」。

根據創造性的法令，神靈物質不斷地在生活運作，我們會發現我們正在創造永久的思想形式，當我們的理想和神聖的法令協調一致的時候。我們發現，當我們的想法和我們直覺上所知道的上帝的想法協調一致的時候，我們不朽的身體就形成了，同樣，當我們想的和說的話語與建立在神聖原則基礎上的真理不一致的時候，就會形成容易腐敗的身體。

　　上帝就是神靈，上帝是我們所擁有的一切的來源，因此，祂是生命、物質和智力的來源。因為唯一的物質來源，在所有的時間，萬物就在這裡形成了，在精神自由上，等待著我們去識別它們。當我們用簡單的信仰去識別了它們，它們就會滿足我們的需求，我們所做的一切都是耶穌所做的。

　　神聖的物質都是一樣的，因為它們，所有的事物才會形成，在我們中間的它們精神自由，正在等待著我們去把它們放進我們可行的任何法令當中。因此，實際上就會有，上帝已經把人類種植在花園或者天堂潛在的物質當中（精神土壤），在那裡，祂可以增長祂的繁榮。

　　數以千計的人都在這一天作證，這一天，在巴基斯坦，在祂的名字下，一項偉大的工作已經完成了。

　　你的健康和繁榮肯定會被展現出來的，如果你在你那開放的思想下，在堅守治癒和繁榮的想法下是忠誠的。

思想是東西

我不再像上帝的妻子，透過思想和身體記住，儲存著邪惡。

我放輕鬆，並願意放下所有衰老的物質，上帝那新的，純淨的光芒才可能會在我身上顯示出來。

我的思想不再沾著凡人複雜的財務狀況。我開啟裡面正住著上帝光輝的王國之門，富裕就會跟隨著到來。

形而上學公道的真理之一是，「思想就是東西」。人類的思想整理它的才能和照字面地把想法帶給現存的實體，它所包含的也都是過去的結論。

「東西」這個單字充分地表達了積極的和非常重要的人物思想，思想帶來生命、物質和智力。

在我們的物質世界的周圍，我們看到過許多沒有生命的「東西」，我們把它們跟我們創造性的思想作比較，從而取得一個非常劣質的概念，它的創造性能力，是我們思想的非凡的能力。

莎士比亞說過，「詩人的筆⋯⋯給不存在的東西一個居處和名字。」同時，詩人的想法在乙太那裡形成，是他想法的複製品，這個複製品占據了他的想法氛圍，並從此以後，

會為詩人所擁有的情緒注入一些色彩。

　　這種亞當的人類去為想法「命名」或者給予它特性、形式和形狀的能力，是在《創世紀》第2章中的象徵性的描述，在亞當之前，耶和華上帝帶來的對伊甸園（形而上學者們稱作「乙太」）的基本想法或者「野獸」的描述。「無論人類怎麼叫各種活物，那個詞就是它的名字」。

　　我們經常在統一的參考文獻中發現，在科學術語中確認的現代科學的乙太及其驚人的屬性，是耶穌所教導乙太的相關屬性的象徵，是祂以天國來命名的天堂。伊甸園是基本領域的一個象徵性的描述，這個基本領域已經被現代科學命名為乙太。科學說，是乙太填充了所有的空間，而不是分子，乙太具有超越任何材料的無以倫比的能量；所有複雜的自然現象可能會減少乙太當中的各種不同波長的能量。教授詹姆斯俊士說，「我們生活在充滿波的宇宙當中，除了波什麼也沒有。」他還說，也許我們的思想由我們身體當中的原子奠定的，因此，形成了關於我們的世界。

　　這裡，我們看到科學宗教是如此的接近，思想正在靠近。他們實際上在宣布生命是一切之源。他們下一個偉大的宣言將是一個指令情報，這是和諧宇宙的非常重要的原因。

　　每一個有經驗的形而上學者們都知道，人類的思想從無所不在的元素那裡取得，不管那些元素是什麼形式，形狀和

情報，並且成為他的思維世界的一部分。科學在某種程度上證實了這是滿足感的來源和信仰的穩定器。知道我們的世界是由我們理想化的東西組成的，我們應該要更警惕我們的思想活動。我們依然心存思想形態，這會阻礙我們的靈魂進步嗎？透過帶著恐懼地在我們的思想裡思考它們，我們依然會保留著邪惡的思想嗎？或者，這可能是我們嚮往的過去的快樂，像回首的羅特的妻子，從而將我們自己屈從於過去的往事或者用鹽來把它封存於我們的思想當中。在那些建立生活思想實體的頭腦的人，以及追求和尋找方式的人們身上，總會有更好的東西出現。

人類生活在兩個世界裡，原因的世界和結果的世界。目前為止，結果的世界是一個複雜的混亂狀態。提供了無數的靈丹妙藥。但是，這裡只有一種靈丹妙藥，就是經濟體系中的裝置，在那裡，人類的貪婪將被消除。建立一個這樣的系統，就要要求男人和女人自己本身已經克服了貪婪。

如果你會幫助這個世界，並順便讓你自己獲得更好的經濟條件，就要開始否認你的自私和貪婪和肯定。

「我開啟裡面正住著上帝光輝的王國之門，富裕就會跟隨著到來。」

強大的思想

　　我加入到天堂裡所有的主人當中宣布，只有好的東西才是真的，到處顯示的都是健康。

　　上帝王國的豐富的物質，正在把它的充足永久地澆注到我的思想和事物當中，並且我在所有方面都是繁榮的。

　　在他的精神本質裡的那個人，會和超級思想領域組成聯盟，這是在聖經裡被自由教導的，可以被所有滿意的會服從於必修的精神原則的人們證明。這些超級思想的力量不會經常帶來好東西的，但毫無疑問，它們是存在的。以任何方式發展精神的任何人會闖入優秀知識分子的思想能量的領域，並且可以煽動微妙原因的行動，迷惑周圍的旁觀者。因為這個原因，每個基督教徒形而上學者應該熟知超級思想的這些事實，在真理的證明當中它們占據了如此之大的地方。

　　經常會被問到這樣的問題，是否印度的醫學者或者非洲的巫醫都使用和基督教治療師一樣的相同的力量。答案是肯定的。這裡只有一個原始的生活，在那裡，我們都存在，我們使用我們願意的。我們表達這種力量的方式取決於我們是基督教徒或者是異教徒。如果我們想著去摧毀的話，我們就是異教徒。如果我們的想法是為了和平，我們就是基督教

徒。這種法令不僅在國家當中有效，而且在所有個體中都有效。當我們在聖經中被教導時，上帝最初引導人類只往好的方面想，但是人類被誘惑並選擇自由地自己去思考。這種自由使整個人類種族陷入了「善良」和「邪惡」，憎恨和愛，戰爭和和平的精神漩渦。基督是和平的君王，但撒旦是破壞的魔鬼。

這些善和惡的意識狀態構成了天堂和地獄的競賽，每次我們想去天堂或者地獄的時候，我們心理上組成了這樣的想法，「弦」的具體狀態。只有超級主管的思想可以克服這些法律親和力和建立我們在塵世的不和諧的思想意識氛圍，一個和平和愛的意識。耶穌是能夠做到這一點的，當我們想到祂的時候，在我們身上的基督「收聽」在祂心裡的基督，我們可以從撕裂靈魂和分離身體的毀滅性的力量中被拯救出來。

耶穌的和諧的精神不僅傳播整個地球並且到達天上，在那裡，祂將榮耀照在上帝的兒子上。當我們奉耶穌基督的名或者在我們的精神工作中頒布他的存在和力量來禱告時，我們受到與超級思想重聚和祂對天堂和地球的強大的影響，我們貧乏的精神能力就會成千倍地增強。耶穌了解並且使用這種極具親和力的思想法令，當祂聲稱祂所做的工作不是祂的而是在祂內心的神父的。正是這種意識，祂宣布，「在天堂

和地球上，所有的權威都已經賜予給我。」作為他們的精神領袖，祂同樣為祂的門徒和那些傳揚祂的人們重申一個同樣的精神連繫。祂最後的承諾是，「這些跡象要伴隨著他們，要相信：奉我的名字，他們將趕出惡魔；他們將說出新的語言；他們將拿起聖蛇；如果他們喝了什麼毒藥，也不會對他們造成傷害；他們將用手觸碰病人，他們的病就得到康復。」這些可以在《馬可福音》第 16 章找到，那裡也寫到，「並且他們走出去，到處宣傳福音，主和他們一起工作，並且確認伴隨著的跡象的話語。」

彼得和約翰發展神奇的治癒力量，當他們在美麗的大門口對一個瘸子說咒語：「在拿撒勒人耶穌基督的名義下，行走。」的時候，「很快，瘸子的雙腳，他的腳踝骨得到了力量。然後跳躍起來，他站在那裡並且開始行走。」

兩千年來，那些信仰耶穌和以祂的名義宣告信仰的人們，已經證明，祂是一個賦予生命的動態力量的存在。那些之前沒有治癒力量的男人和女人突然就成為具有非凡能力的治療師。他們不要求去了解治療是怎麼完成的。他們只知道，透過信仰和他們話語的鍛鍊，在他們身上的精神品質與基督的力量融合統一，工作就奇蹟般地完成了。

歡樂的治癒

在基督，健康和幸福的歡樂新生活充滿了我的身體，於是我痊癒了。

快樂給予者的愛在我身上表達，我感覺到神靈將祂大量地融入到我所有的事物當中。

每個人都提倡用快樂來輔助治療，但是，有多少人把能它作為恢復性原則的至關重要的部分，並且去實踐它？大多數生病的人都是悲觀主義者。他們認為他們遠遠比他們落後。透過反覆衝擊心裡的憂鬱，和對一些嚴重特性感到恐懼，就像恐懼「在夜裡交錯而過的船」路過的物理陰影一樣，他們延遲了自然和自然的上帝治癒的努力。

一些我們最好的醫生說，百分之八十的人類弊病可以自己治癒，如果讓他們自己獨處。在羅伊 .h. 麥凱和諾曼‧比利斯博士的一本名叫《讓我們操作》的書上，我們發現這些用斜體印出的詞：

「人們不知道，或者不相信的是，在百分之八十的情況下，在沒有醫生的幫助下，他們會變得更好，如果他們在僅僅上床睡覺和遵循適當飲食的情況下。」

作者還新增了這些：

「這些也適用於操作。每一天，一個悲傷的數量中不必要的那個正在被執行。」

這本書的作者不是形而上學者。麥凱博士是一位著名的外科醫生。他在他的序言上說，「非常不情願寫這本書」。

所以我們發現，好的醫生，是那些心裡面為人類造福利的人，建議我們在我們第一次表現出疼痛的狀態時不要跑到手術檯上。

「請放心。」建立你身體的情報知道怎麼去修復它。仍然可以得到，請放鬆，把你的注意力放在你機能的維持生命的力量上。對自己說，我不會對邪惡感到恐懼，因為你與我同在。

除非你餓了，不然不要吃東西。我們的許多疾病都是由貪婪的食慾引起的，因此，在充分滿足的時候，阻塞身體的是剩餘的燃料。耶穌告訴祂的門徒，只有透過禁食和禱告的時候，某種類型的魔鬼（錯誤）才可以被根除。然後，要歡喜和快樂，當你開始感覺到神靈向你奉承的治癒的和平。

當我們找到有利於健康的快樂時，我們也同樣找到鋪向繁榮的道路。保羅寫道，「上帝愛歡樂的給予者。」如果主喜歡歡樂的給予者，他需要一個對財政狀況感興趣的快樂的人，而不是一個處理他的錢很小氣的人。

將把你的愛和喜悅放到你的所有財政當中成為一個實

踐，你就會開啟收入來源，你的收入來源之所以一直停滯不前，是因為你沒有給讓他們頭腦的物質流入你的事物裡的機會。

無疑地你有遇到過商業家約拿 —— 沉沒在他們自己的消極語句的水中。避免他們的悲觀思想和語言。祝福你所接受的，祝福你所傳送的。上帝的豐富的物質，不斷地向我們移動和透過我們的思想，就像一束照亮黑暗的光芒，但是，我們卻不了解它。

在每一個思想和行動當中，培養豐富的、愉悅的精神。然後，你的財政狀況將變得和諧，你將永遠不會缺乏任何好的東西。

愛的協調

在觀察和思考的人們當中,對愛的存在,人類知道的最偉大的協調的原則,是不會有問題的。問題是,怎麼去使人類去用愛去調節他們的爭鬥。一輩子中,這裡已經持續有煽動的立法和力量,作為人類不協調的靈丹妙藥,這個簡單和容易的愛的方法看起來很幼稚和愚蠢。改革者們的思想,作為一個被掌管和被世界不公平的大環境的負重規則,他們的義憤填膺經常被激發到沸點。他們的主要思想是如何去取締和粉碎那些壓迫者們。當愛或者它的一些屬性被作為一個補救措施提出來的時候,他們相當地憤怒。這將會帶來物質組成部分的愛。

保羅說愛是耐心、仁慈、慷慨、知足、謙虛、善良、好脾氣、誠實、負擔的軸承能力,一切的信仰,一切都是快樂的結果的希望,和從來沒有失敗的想法。這就是愛的工作中的一部分,但並不是所有的。實際上,愛是生活中每個活動的基礎,不單是精神上和心理上的,而且在機械和物理上也是一樣的。

科學家們描述的引力,是身體相互吸引的力量。這個定義適用於心理上,物理上,還有我們都知道的精神領域上。那麼,物理學家是怎麼定義引力的,就是愛的一種活動。當

立即撤回一個人從地球母親得到的穩定的愛，我們，它的孩子，將會陷入空間和黑暗的深淵裡。我們應該記得這些，當我們傾向於認為沒有人愛我們的時候。精神上發達的靈魂將思想和注意給這些顯然無形的強大的力量，並透過反覆的心理連繫，在一個人的思想上，它結合精神，靈魂和身體，這支撐著和統一著所有的一切。

就是透過這一個壯大愛的程序，偉大的靈魂得到了發展。人類創造的不偉大，但是擁有去變得偉大的能力。靈魂的成長受許多因素的影響，一些次要的和一些主要的，但是沒有了愛一個靈魂就絕不會獲得超級思想的力量。在一個偉大的靈魂當中，愛之所以重要的原因是，愛是黏合力，這個因素對加強或者強化靈魂是很有必要的。仇恨和對立正在瓦解，並且它們破壞了靈魂建立的精神電子和質子的凝聚力。

有一些形而上學者們認為這個地球是靈魂的暫時持久不變的地方，是一種幼稚園，在那裡，我們用一生去學習那些適合死亡的靈魂飛向天堂或者是天空上美麗的地方的課程。這一系列的想法從它的來源將靈魂分離出來，並在靈魂和身體之間建立了一個精神的鴻溝。身體是靈魂的沉澱或者是人類思考的一部分，如果它有發達的感官和間隔，它肯定會被統一的靈魂贖回，並且這種統一是透過愛來完成的。當像耶穌那樣我們為所有的事情發展了愛，即使是為我們的敵人，

然後，我們的身體及其所有的元素將會成為可塑的想法，並且我們擁有在天堂和地球上的所有力量。透過光的能量，創造了天堂和地球的思想原則，這是服從於人類的，當他的愛的思想與創造性思想同步的時候，他可能會說，「我和神父是同一個。」根據物理學家，所有形式的自然都是一種電磁「解決方案」，原子像另一個砲彈地旋轉，那就是，沒有什麼是固體的，就算它好像是，但所有的一切都漂浮在天上的空間，準備在一個超級能量衝動的指令思想下飛翔，就像耶穌思想一樣。擁有這種理解，我們可以看到，耶穌是在陳述超級科學的事實，當祂對祂的門徒說，「如果你擁有像一粒芥菜種子的信心，你可以對這座山說，你從這邊挪到那邊去，它必然會挪到那邊去，對你來說沒有什麼事是不可能的。」

在他的《人論》中，教皇的思想裡必須有類似於引力的這種組合和愛，當他寫道，「當鬆動的大山在高處顫動的時候，如果你從那裡經過，萬有引力就會使它停止？」

在我們這些再生的耶穌的追隨者當中，都被灌輸了自然人類的精神天賦，促使我們去發展超人的能力，透過激勵我們用愛去做小事情來開始它的工作。透過這些做法能最大程度發展我們能力，直到我們完全達到基督人類的精神高度。

根據啟示錄，耶穌說，「如果他得勝了，我會賜予他和我一起坐在王位的權利。」

　　我們透過對思想的掌握來開始我們的克服。透過首先思考和實施那構成愛的小成分的行動，我們開始掌握憎恨的思想和力量。從今天開始，要多一點耐心，練習仁慈，在思想和行動上要慷慨一些。當你想要發脾氣的時候，說，「我有一個好脾氣。」在所有情況下，都要確認的真實性。如果你的負擔看起來大大超過你所可以承受的，記住耶穌所說的：「你們都來我這裡，你所有的勞動都是沉重的負擔，我會讓你得到安息的。」發展精神的信仰，相信精神的力量能夠為你完成在你看來是不可能的事。為所有你計劃的或者去執行的事情確認一個吉祥的結果，並且不要去承認任何事情的失敗。

　　「我也得勝的話，我可以在神父的王位上與祂坐在一起，祂擁有一雙耳朵，讓祂聽見神靈說給教徒的話。」

驅逐恐懼

　　所有內在的上帝的愛和保護，把我們從每個恐懼的想法中釋放出來，並且我是強壯和良好的。

　　我的思想充滿了祢的內在物質，並感到滿足，所有的事情都被增加了。

　　這是學生思想裡的一致結論，恐懼是精神行動的麻痺劑，恐懼同樣削弱了思想和身體。這是被普遍承認的，去注意這種削弱的思想狀態肯定是不值得的，但是，在另一方面，這為我們說明了怎麼避免落入它的深淵並且怎麼樣去克服這種習慣。大多數人會討厭恐懼是一種習慣的描述，但是，深入的觀察為所有人證明，他們的恐懼是由重複的思想，話語和經歷來統治的。所有的恐懼都依賴於思想，如果思想的基礎可以被拆分，那麼恐懼就會消失了。

　　思想中對想像大山的恐懼是沒有真正的恐懼存在中的原因引起的。我們活在一個世界裡，在那裡，我們被教育對安全來說恐懼是必不可少的。首先，我們被告知，從嬰兒期到「恐懼」上帝，然後恐懼所有形式的邪惡。我們思想裡塞滿了夜以繼日地運作的恐懼的想像，那除了跟隨而來的多數災難，我們還有什麼能去期待的呢？

「完美的愛使人無懼。」耶穌把教導對上帝的愛作為第一戒律，對鄰居的愛為第二戒律，然後就不需要有任何其他的戒律了。這兩個戒律完成了所有的法令。那麼唯一的有效治療恐懼和它的弊病就是愛。

我們都被一次又一次地告知，為了去滿足我們的行事法則，我們必須去愛上帝和我們的同伴。毫無疑問地，我們大多數人都已經做到了這個，並且都曾有過這樣的經歷，就是對和平和我們生活的保護得非常明顯的遊行示威活動，然而，我們並沒有意識到這種愛，我們感覺當我們去想像上帝的時候，這是我們應該擁有的。對於這個缺陷，這裡肯定是有一個原因的，沒錯，是的。我們認為應該用某種巨大的尺寸去愛上帝，某種必須作為整個整體來包含它，但實際上，愛是一種複合材料。它是由屬性組成的，在保羅的《哥林多前書》上有明確的描述。

根據保羅，愛是日常生活中各種司空見慣的小活動中的名稱。你是耐心和善良的嗎？「愛經歷長久，是寬容的。」嫉妒嗎？「愛是不會嫉妒的。」任性和驕傲嗎？「愛是不自誇，不張狂的。」你是喜怒無常的嗎？「愛是從不做害羞的事的。」你是貪婪和自私的嗎？「愛是不為自己求什麼的。」你是很容易就爆發你的脾氣嗎？「愛是不輕易發怒的。」你是認為邪惡是真實的並且為世界上的邪惡感到苦惱嗎？「愛

是不會背負邪惡的名義的。」當災難降落到邪惡的人身上時，你是否在驚叫和歡呼呢？「他們只是得到他們應得的報應。」「愛……不喜歡不義，只喜歡真理。」你是否耐心的在忍受人世的鞭撻和譏嘲？「愛……愛是凡事包容的。」你是否是開放的並接受好的，不管其來源是什麼？「愛……相信一切。」你是否預見充滿恐懼和不祥之兆的未來？「愛……一切的希望。」你是否以信任和信心來忍受永恆的正義？

> 「是壓迫者的錯，是驕傲人的侮辱，
>
> 　一陣陣對慘痛愛情，法律遷移的折磨，
>
> 　對傲慢的官吏的唾棄，
>
> 　那位病人的功績是否值得獲得呢？」

愛是「凡事忍耐。」保羅說，「如果我用人類和天使的方言說話，但是沒有愛，我將會成為發出聲音的銅管或者一個叮噹響的鈸。並且如果我擁有預言的天賦，就會知道所有的祕密和知識，如果我擁有全部的信念，就可以去移動山，但是沒有愛，我就什麼也不是……如今常存信念、希望、仁愛，這三種當中愛最重要的。」

現在，在所有的文學中我們沒有找到比這裡對愛的分析（《哥林多前書》第 13 章）更明確的。那些已經把這作為性格的指導原則的人們 —— 就是，正在尋求著去改變他們的日常思考，透過前面的規定標準 —— 已經獲得結果了，因此宣

告，他們已經被它的靈丹妙藥的存在確信了，他們正在遭受到扭曲的蹂躪，並得不到上帝的愛。

對這種分歧的恐懼的唯一的補救就是去用愛和它的結合來恢復生活中的和平和和諧。

精神上的傾聽

我去傾聽你，現在，意識到在我所有成員中的你的生命，因為你使我的健康經久不衰。

我的思想裡充滿了你的物質，並且我的繁榮總是得到充足的展現。

對於傾聽的耳朵，聖經的參考文獻是豐富的。「他培養耳朵，難道他自己聽不見嗎？」

耶穌說，「我在暗中告訴你們的，說你們在光亮中；你耳朵所聽到的，要在屋頂上宣布。」「他有耳朵去傾聽，就讓他去聽吧。」

聖經在許多地方指出，耳朵指的不是身體器官，而是思想或者精神上的傾聽。「擁有耳朵，聽不見麼？」

那麼問題出現了，我們都可以聽到「弦外之音」的耳朵，思想可以得到優於感覺的意義嗎？在各行各業中有人堅決地宣稱，他們聽得到嗓音和聲音，音樂和其他的聲音，另外一雙耳朵內部的或者明顯的聲音。有時這些人是天才，有時這些人又被稱為古怪。

生理學描述了一個複雜的物理耳朵，但是「耳朵」構思並且真的聽得見的是在大腦裡的聽覺中樞。就是在這裡，

思維理解和分析振動的聲音。因此，音樂學家和不是音樂家的人們可能擁有相同的物理耳朵，但是，音樂家們的思想必須聆聽得出聲音的細小的變化，並且在大腦上提出聽覺中樞中的一個作曲家的自我。偉大的貝多芬就是一位才華橫溢的例子。當他創作了世界上一些最美麗的音樂的時候，他是聾的。但是，他「內心的耳朵」一定為音樂開放，這不是每個人都能聽得到的。

在音樂裡是真實的，在每個宗教，藝術和科學也是真實的。小撒母耳聽到主的聲音。聖女貞德聽到激情的聲音。現代心理學家和許多深受宗教影響的人得到聲音，或者他們在大腦皮層把它翻譯成聲音的聲響。是彎曲的思想決定了聲音的特性。約伯說，在物質上，人類有一個精神或者思想，練習給予耳朵或者聽力主的思想。你將會得到基督傳播出來的思想連繫的能力，並在你的思想集中它們，實際上你就會聽到主的聲音。相反地，透過一個像集中的思想，你可以吸引人身體內和外的思想，從而成為一個靈媒和介質。對東西的過渡冥想，精神對外耳的感受也會變得經常遲鈍，它失去了它給全能者理解呼吸或者震動的警覺性。

莎士比亞說，「把你的耳朵給每個人，但是很少聽到你的聲音。」也就是說，要學會傾聽，而不是說話。耶穌把祂的第一個弟子叫做西門彼得。西門是「傾聽」的意思，彼得

是「一個搖滾」的意思。精神的感受性是一個基礎的可靠性品格。為了變得健康，我們都需要一個對生活更全面的理解。這些可以透過集中我們的注意力到宇宙生活的光芒中並且將它們融入到我們的思想和身體當中來獲得。

這個物質世界在傳播的物質中有它的起源，我們的思想構成並且自動地轉化為肉體和物質的東西。這個程序是漸進的，我們並不理解它，但是現代科學正在每天接近一個解釋，最終會被人們普遍接受的，然後，我們正在得到精神方面的教育，這將會被物理方面所證實的。

生命之光

> 透過祢的光亮和生命,我變得強大並且被治癒了。
> 「各種美善的恩惠和各種完美的賞賜」都從上面來,
> 從神父的光亮中來,我的所有方面都得到繁榮。

聖經的作者使用「光」這個詞,用來表示智力。當耶穌說,「我是世界之光」,祂毫無疑問地意味著祂是真理在所有方面的表達者。在約翰的第一章中,光和真理是同義的。

「那光是真理的光,即使是照亮所有人的光,正來到世界上。」這並不是意味著祂就是所有來到物理世界的人們的光,而是那些由神靈出生的並來到真實世界上的人們。那些生活在物質世界的人們,意識上把光當作是太陽的照射,透過這樣,人們可以看清楚事物的輪廓。但是,這個光能驅逐黑暗是隱藏在有感覺的人中的一個原則。「並且光照亮黑暗,黑暗卻不能逮捕到它。」物質是不能被照亮的,並且它自己本身沒有能力去克服它的無知。因此,所有去提升人類智力的嘗試,和人類大家庭到達的更高意識層次都將徒勞無功。這裡必須有源自於「神父之光」的大量物質能量和靈感湧入。

然而,這是很有值得去注意的,就是在沒有帶來一個可以提升人類精神的原則的情況下,現代科學的發現是怎麼證

明真理階段的。例如，已經被探討了的光的物質來源和屬性，揭示了一個對物質人類來說不存在的世界。然而，獲得的關於光是沒有品質的所有了不起的知識，可以適用於人類的道德或者健康的恢復的需要。人們認為，光是電的屬性，正在成功的被應用於治療人類的疾病，是個無法證明的事實。

然而，聖經把光和智力看成是同一的。在聖經的第一章中，我們就被告知，思想的表現就是光。「上帝說，讓這裡擁有光，這裡就有光。」但是，以貌取人的思想是絕不會發現內在關於光的真理的或者其他的一切。

我們必須知道關於智力的光是無處不在的真理，然後，我們就會從我們智力的黑暗中被釋放出來。科學同意詹姆斯的說法，「所有美善的恩賜和所有完美的賞賜，都是從上面來的，從「神父之光」那裡降下了的。」科學說，在乙太當中，光是一個非常有秩序的和極其富有波動成效的，但是，科學並沒有告訴我們光是上帝智力的行動，我們可以將我們的思想與光連線在一起，並且從它的非凡的潛力中獲得收益。

一些基督形而上學者們都羞於用科學的方法來解決問題，他們擔心自己可能會落入一個唯心主義的思潮。然而，當我們看到科學用物質形式告訴我們繁榮的上帝的思想，只

需要新增一個智慧移動力量的假設，我們就已經找到了一個非常認真和令人信服真理追尋者。

因此，不要害怕真正的物理學家，並把他們對光的發現放進思想裡。然後，你就會發現，這種物質和生活將會變得更加的服從你要求的命令。

記住，摩西從耶和華那裡接收到了祂的偉大命令，當他轉到一邊去看為什麼被燒的灌木並沒有燒毀。耶和華對他說，「從灌木的中間走開」，也就是說，上帝正在火當中，點燃一個普通的灌木。無論你在哪裡，為神靈之光開啟你的思想。用心靈的眼睛看東西，上帝就是無所不在的神靈，「超越所有，通過所有，並在所有當中。」

思想物質

真理的神靈用生命的光芒照耀著我，我就痊癒了，

真理的神靈展現豐富的神靈物質，

我肯定這將是我得以成功的來源。

是真理的神靈為我們的思想開啟上帝法令的供應與支持，一個普遍存在於宇宙的乙太的思想物質，為人類的身體準備了無限的思想。我們認為，在回答我們的禱告時，上帝以一些神祕的方式帶來我們擁有的非凡的證明。現在我們看到，這裡一開始就準備了一個相互滲透的物質，就像天堂裡的一個稀薄的麵包，充分地沐浴著我們。

但是，我們不僅要問，而且還要透過肯定它的富裕是我們繁榮的來源，把神靈帶到意識裡。然後，繁榮將開始在明顯缺乏的面前表露出來。要記住主宰者的邀請「向來你們沒有奉我的名字要求什麼，要懂得問，你將會有所得到，並且你的快樂就會得到滿足」。當我們極其渴望在所有方式都剛好和誠實地表達而已，在神聖的法律下這是真切的，我們的靈魂光芒進入到乙太的能量波，就產生了藍色。真誠的身體周圍就被光環圍繞，誠實的人們通常發出藍色的光或者一些藍色的改變。在表達精神的理想時，藍色幾乎總是與白色有連

繫的。耶穌的誕生預示著在藍色拱頂天堂中的一顆明亮的星星，並且在我們的美國國旗上的星星都有一個藍色的背景。

　　一些人認為，當他們放棄說謊時，他們就是在證明真理。這是值得稱讚的，但是，離實現完整的神靈的真理改革還很遠。在約翰福音當中，耶穌重複地在一章接一章地承諾，祂會派去一個神靈給那些相信祂的人，祂稱之為「真理的神靈」。在 15 章中，我們可以讀到，「但是，當神靈到來的時候，祂就是我將從神父那裡傳送給你的，即使是真理的神靈，也同樣是出於神父的，祂將要為我作證。」在第 16 章，我們找到這些話：「我還有很多事情要告訴你們，但是你們現在還不能承受它們。然而，當祂，真理的神靈，到來的時候，祂將會引導你們進入所有的真理。」「我要向神父禱告，祂必然會給你另一個神靈，而且祂將會永遠陪伴著你，即使是真理的神靈……祂也會伴隨著你，而且和你在一起。」

　　在世界的歷史上，從來沒有擁有過像現在這麼多的宗教教派。這是「看吶，這裡！或者，那裡」，世界是圓的。在不能很好建立真理的基本原則的人當中，這都是非常使人疑惑的。耶穌警告我們，要小心認為的宗教：「不要去……在他們之後。」「上帝的王國不是根據觀察到來的。」「上帝的王國就在你們的心裡。」

　　透過鍛鍊他的天生的獨立性，人類失去對神靈的意識，

結果被趕出了伊甸園或者「上帝的天堂」。在我們當中，對神聖的法律越來越了解的人，也越來越意識到在掌管這個思想的美好王國中的神靈。

在祂的執行能力中，真理的神靈就是上帝的思想，祂將完成原始神靈的神聖的計畫，祂從神父中所得並為兒子見證。我們已經為我們運轉的思想得到了一個神聖思想是怎麼工作的詮釋。在我們的思想中，當一個想法完全制定的時候，我們決定去執行它，我們的思想把它們的特性從冥想改變到執行。我們不再計劃，但是繼續執行我們已經計劃好的打算。因此，上帝思想派祂的神靈前來執行人類兒子的神聖的想法。

這是非常令人欣慰的知道，就是在我們努力去展現上帝的法律的時候，這裡有一個神靈和我們一起合作。上帝的完美似乎大大地遠離了我們的人性弱點，我們已經失去了信心。但是現在，我們看到耶穌教育我們，在我們所有的生活難題中，上帝都是和我們密切連繫的，我們只需要奉祂的名字去要求得到所有的應驗。

真理的神靈是上帝的思想投射到我們的思維理念當中，我們將會建立一個像耶穌那樣的精神意識。真理的神靈看著我們生活中的每一個細節，當我們要求並透過肯定的宣告了祂的存在，祂將會為我們的身體帶來新的生命，並讓我們去觀察可以使我們恢復健康的衛生和飲食規律。

強化熱情

上帝的熱情使我們的思想和身體加快，活躍和有生氣，使我得到了完全的治癒。

我對精神事物的熱情增加了，我得到了富裕的繁榮，讚美上帝！

人們用自己的實力和目標，完全地掌握著自己，對那些過分熱情的人們感到懷疑。當熱情被判斷弄走了，能量就被浪費了，而且信心受到了抨擊。熱情的大火很快就被燒毀，它的擁護者可能會被輕視地稱為「曇花一現」。不過，熱情、強度和熱心對於每一個偉大目的的成就，是至關重要的。

我們通常透過熱情造成的噪音來判斷它。但是，噪音並不是熱情的特性，克服似乎無法踰越的障礙和使它們轉向安靜，是目前強大能量的目的。當你看到男人和女人正在踏實地工作，無私地去完成一些珍視的目標時，不要認為他們是被一些自私的目的來驅動的，這樣的成果會為他們帶來個人的快樂。他們都被衝動的靈魂解僱了，那靈魂的內心的火焰在沸騰，敦促他們向前，不管那是謹慎和保守主義的外部思想。

人類的各種特性，名叫熱情，熱心和靈魂的強化，這是一個精神人類的典型的能力。耶穌在門徒當中發現了一個典型的人，並且那些特性都顯示在他的名字上——熱烈派的西門。

在身體中，熱情是活動的寶座或者中心，在大腦的底部，在髓質當中。它是動物的靈魂的所在地，它的職責就是蒸發細小的神經液體，並將其提供到感覺當中。髓質在身體內執行的工作就像是汽車的化油器的工作。

對展開一些想法的強烈的渴望，迫使神經液進入髓質，在那裡，它霧化成為靈感（空氣），並透過眼睛的視神經爆發，神靈點燃它，它就會反射出光。「這就是神靈賜予的生命」。

當神靈讓一個人從內在到完成一些珍視的理想和帶來智慧的步驟，並說，這是不可能的事，這樣一個衝突就產生了，並且身體的較大的自然流波動就會受到阻礙。在這種情況下，阻塞和血栓就形成了，人類就會漸漸慢下來，這就是所謂的年老出現的跡象。這就是為什麼人類應該永遠不要放棄更高更好的表達上帝所給的天分的追求。

跳躍、輕快和歡樂的青春，隨著時間的推進，我們應該要培養和繼續更多的熱情。隨著年歲的增長，人類的成長就會變得虛弱的想法是一個愚蠢的謬誤。要想活得越長活得越好的人應該知道如何去生活。

再生的耶穌的追隨者要注意的是，關於人們對的重商主義（*Mercantilism*）的熱情祂給了許多教訓和警告。祂斥責撒旦的不良的思想，暗示祂演示如何把石頭變成麵包。祂警告，「在地球上，不要為自己積蓄財寶。」祂早期的工作之一就是把商業活動從祂的身體廟宇中拿出來。「拿走這些東西，今後，不要把我的神父的房子變為商業的房子。」

然後，祂的門徒就想起聖經上的記著，「為你的房子而熱情，會將我耗盡的。」耶穌解釋說，「房子」指的是祂的身體。祂用優越的種族思想清洗祂的身體，還有增加對金錢的欲望。

今天世界上的人們是如此熱心地去解決經濟問題，以至於他們已經忘記了上帝。在國家工業事物當中，他們不尋求智慧的指導，但是他們計劃、策劃和爭論，並且在債務上越陷越深，那就是，進入了貪婪野獸的掌控當中，並在那些崇拜它的人的身上標上奴隸的標誌。

要熱心地為精神的現實。在天上積蓄你自己的財寶。

非現實的錯誤

我對真理的理解揭露了非現實的疾病和現實的健康。我被這個理解照射著,持久的健康是我神聖的繼承。

我對無所不在的基本物質的理解,為我開啟了一扇持續流進我的思想和事物當中的門。

缺乏理解,不單指個人而是集體,在各個方面都使我們有所遭遇。我們跌跌撞撞地在過生活,而不是自信,公開地向前走。或者,我們坐在優柔寡斷的城市裡等待著事情出現的時候,就會被內心之光督促和指導,我們應該向前走去迎接好運。

我們從來不厭倦引用約伯的明智的觀察「人類裡面有精神,並且全能者的氣息給了他們理解。」大多數人都認為,理解是從知識的發展中獲得的,主要是在機構中的學習。但是,約伯的書是由一個有極大理解但是沒有文學文憑的人寫的,這是目前已知的。一些當局聲稱這本書至少已經有五千年歷史了,但是,約伯知道許多關於在耶和華和人類身上的神靈。在課文中的引用,他使用的是代詞「他們」而不是「他」,指的是人類,因此透露出他所理解的精神實質的人類是雙重的:男性和女性。約伯對神靈和精神法律的熟悉,就

是對一個形而上學者的證據，他從神靈身上直接獲得了他的理解。耶穌教導說，「這就是神靈賜予的生命。」

我們不會輕視理智的知識，如果這是在神靈的指導下所需要的。一個和唯一人類存在的目的就是去發展他們的靈魂，和無論是精神還是物質上的所有成就，這不能被連繫和被認為是一個向前的而且最終將會被拒絕的援助。因此，正是對神靈思想的集中揭示了在很多情況下的真理，並滿足我們日常的連繫。如果我們把健康和疾病看作是平等的，在我們頭腦中的「思想的東西」會用相同的潛力來鼓舞它們的。我們將會發現我們自己相信疾病也是一樣真實的，比健康更難捕捉。

但是，對疾病和健康之間的連繫進行一段時間的分析表明，健康是真實的，是上帝給予的條件，疾病是不真實的，是異常的，我們都試圖去逃脫疾病。真理不僅說明了所有事情的最核心的現實，它還說明了我們不應該從虛幻中逃離，只要我們允許我們的精神程序用「思想的東西」去覆蓋它。

如果你否認現實所缺乏的疾病並確定健康是精神的和永久的，神靈將會用你的精神去見證，你就會展現出健康。

每天關注神靈的思想和它揭示給人類的元素力量的屬性，使在乙太裡的物質等待著我們去識別和挪用。為了去展現繁榮，我們不需要知道科學法律的所有細節。每天在規定

的世界裡進入沉默，並專注於神靈為你所準備在世界基礎上的物質。因此，你將會開啟當前的思想，並將會為你的所有事物帶來繁榮。

歡樂照射出健康

耶穌基督的歡樂釋放了我，我被治好了。

我感到非常快樂，當我意識到你所提供的計畫現在在我的身上實現的時候。

現在，我們已經報導過，在一個療養院，笑聲是唯一的補救治療。當這種機構不僅受到社群的嘲笑，而且它的發起人會被質疑的時候，將會迎來瘋狂的條例的時代。但是現在，不僅心理學家而且醫學治療也給予關注到情感對健康的影響上，歡樂的系統培養被作為一種癒合劑來看待。

「一顆歡樂的心可以得到一個快樂的面容，

但是心裡憂愁，精神就會受到損傷。」

所羅門或其他明智的諺語作者們寫道，幾千年前以及今天，是一個好主義。對種族歷史的記錄要追溯回到約六千年，可以發現，在那段時間，人們幾乎沒有改變過他們的主要的特徵。所羅門，在他那個年代，被認為是最明智的人，他的判斷被提出是來自情緒的證詞而不是他們被送到他的法庭上的事實。聖經告訴我們，他吸引了兩個女人的愛，她們同樣的聲稱他是她們的孩子，希望拿來一把劍把他分開，這樣每個女人都可以得到一半。真正的母親懇求不應該使用

劍，當然，這個案件最終按她的說法來判定。

傳說，所羅門驚訝了示巴女王，因為，他把她的提議的問題快速地解決了。她讓一群男孩和女孩穿著完全相同的衣服，並要求他告訴她每個人的性別。他命令將水池裝滿水讓他們在裡面洗手。男生們都粗暴地將手伸入水中並將袖口弄得溼漉漉的，而女孩子們卻仔細的捲起了她們的袖子。然後，真的花和人造的花卉被混在一起帶進來了，女王要求所羅門指出它們之間的區別。他派來了一大群蜜蜂，然後很容易的做出了決定。女王非常滿意所羅門的智慧，她做出了一個令他喜歡的提議，給他三百六十萬美元。

在我們現代精神治癒的練習當中，我們發現悲傷和憂愁是許多物理疾病造成的原因。我們還發現，幸福是人類天生的，他可以透過對真理的理解從他的內心生活來釋放它。對生活中精神方面的學習喚醒了思想，甚至是身體、情感，使人對真實和永恆生命延續性的確信，不管在外部表現的發生的變化。

以賽亞書對這個有了一個意識，當他在他書中的第 35 章寫道：「耶和華的救贖必將回歸，並帶著歌聲回來到錫安，永樂必歸到他們的頭上，他們將會獲得歡喜和快樂，憂愁和嘆息都會走開。」

錫安代表的是精神的地方，一個只給那些對神靈和靈魂中的活動得到理解和意識的人們到來的地方。

　　悲傷過去曾被在宗教裡的人們認為是一種美德,但是,這一種概念已經在教導中消失了。死亡曾經是悲傷的最大來源,但是在很多來源的證據已經顯示出,靈魂依然會繼續生存的,即使它離開了身體之後,這種分離的感覺迅速的就被刪除了,現在許多人都相信我們會像思維的實體一樣繼續存在的,無論是在身體上還是在身體外。

　　在地球上生活的所有人,耶穌最能理解精神生活的喜悅了,並且祂有傳授快樂的能力。

　　「他要痛哭和哀號,但是,世界應該要喜樂。你要悲傷,但是你的悲傷會變為歡樂的。」

　　「這些事是我講給你聽的,我的快樂在於你們,你們的喜樂會變得滿足的。」

「西拉！」

我經常把上帝擺在我的面前，因此，我的心是歡喜的，我的肉體充滿自信的輕鬆。

我相信你是我的可靠的資源，並且我的所有方面到得到繁榮。

「我經常把耶和華擺在我面前：

因為祂就在我的右邊，我不會動搖。

因此，我的心是歡喜的，並且我的靈魂是快樂的。

我的肉體同樣也在安然的居住著。」

《詩篇》構成了早期教會的讚美詩集，沒有比這個還更好的例子了，在任何人的歌詞當中，宗教的虔誠熱情和優秀的文字都可以找得到。

雖然《詩篇》的作者通常被認為是大衛，這個偉大的詩人和音樂家，被評論家記載了，在《聖經》當中，他的讚美詩遠遠少於一百五十篇。

詩篇意味著「抒情」，每個的標題都向音樂家指示在演奏的時候應該奉獻出什麼態度。「西拉」是最常見的標題。聖經當局對它的確切的含義沒有統一說法，但是，一個非常一般的觀點是，它的意思是「暫停」、「沉默」、「仍然」。但

是，在音樂已經開始後為什麼還要暫停呢？只是在這裡，一個對精神法律的理解幫助了他。在任何行動之前，涉及直接訴諸於上帝，這時應該有一個沉默承認上帝的存在，耶和華沙瑪（耶和華是存在的），這是耶和華的一個神聖的名字。

將我們對上帝的所有禱告、對話和歌曲作為主題，我們應該首先有一段時間的沉默，一個西拉，在那裡，神聖的存在被作為創造力來呼叫。然後，我們可以和耶穌一起傳揚，「我所說的不是來自我自己，而是來自做他工作的伴隨著我的神父。」《詩篇》第 16 章的標題是〈大衛的金詩〉。一個權威機構說，金詩的意思是「黃金」，另一個說是「卓越」，還有一個說是「神祕」。它意味著所有這些甚至更多。在詩篇第 8 章一開始，我們有一個來自耶穌的最大克服的預言：

「我經常把耶和華擺在我面前，

因為祂就在我的右邊，我不會動搖。」

耶和華是在人類當中的超級思想的名字，在新約當中被稱為基督。在你的所有思想和行動當中，要把這種全能的存在放在第一位，你將會意識到「右手」的指導和堅定的信念。

一個「歡樂」的心加速循環和從血液當中清掃出衰老的物質，然後，自信的肉體和健康就出現了。

這些繁榮的話語，在過去的五十年，經常被用於我們的

團結的禱告部門中。你們中的一些人可能會認為它們是乏味的並將它們拋棄，但是不要過於草率。你可能已經使用它們很多次了，並取得了不同程度的成功，但是沒有人能將它們的發展潛力用窮盡。

　　一個單字的生產能力取決於它的使用者去揭示它的內在意義的能力，還有將它應用到特定的需要當中。當你使用「祢」這個詞的時候，你認為它的先行詞是什麼？你會很快地說「上帝」，但是「上帝」涵蓋了眾多的創造性力量。在這種情況，你的工作能為你的事物帶來繁榮，因此，你應該讓你的頭腦充滿所有提供和所有供應的想像和想法。古代希伯來先知和能手像摩西和以利亞一樣明白這一點，他們為耶和華起了七個神聖的名字，每一個都代表在祂身上的特定的創新能力。

　　耶和華以勒意味著「耶和華將會提供」，那些在這個偉大的神面前集中祂的思想，並且持續承認祂的存在的人，無論在任何反對的情況下，都會得到無形的和有形的力量的提供的。上帝看起來應該似乎是缺席的，在使用這個隱藏的偉大存在的名字時。耶和華沙瑪意味著「耶和華是存在的」，你很快就感覺到掌管乙太的創造性思想的動態的生活和物質。

精神化的智力

　　我在肉體思想的意識上將自己從中分離出來，因此，我可以進入耶穌基督的思想裡。

　　這是帶進內心意識的一個很好的主張，我們將強調單字「意識」。這整個靈魂發展的問題取決於我們擁有的意識。

　　我們沒有獨立的思想 —— 這裡只有宇宙的思想 —— 但是在那個思想裡有意識，並且我們控制著那個意識。我們控制著自己的意識，並且我們的思想充滿了我們的意識。我們透過分析自己，發現我們無意識地把我們自己分開到不同的個性。現在，我們應該有意識地做這項工作。我們應該理解，我是強大（權力）的，是意識賜予給我們的，然後把偉大的基督思想加入或者統一到這個意識。

　　因此，這個肯定的單字的中心思想是，我們正在尋求去理解和將其運用於我們的意識當中的就是基督的思想。身為精神上的形而上學者，我們發現，基督的思想就是神靈的思想。在人類的意識當中，它作為兩個意識狀態來運轉：一個是在肉體上的，其他的是在神靈上的。但是，神靈的思想是所有一切的來源。

　　日常的崇拜是值得在敏感的思想中留下印記的，它是透

過基督與神聖的思想連繫在一起的，透過和耶穌基督相同的思想。

明白了這在我們的思想中是個基本的原則，而且還有實現了思想把它自己傳送到人類思想的敏感板塊的力量，我們發現這個禱告是無價的：

我在肉體思想的意識上將自己從中分離出來，因此，我可以進入耶穌基督的思想裡。

首先，我們把我們的思想從肉體中分離開，並把我們的意識提升到神靈上。我們在精神意識上穩定地持有它們，直到它們開始得到神靈的實質、神靈的力量還有神靈的愛。我們所看到的顯示出來的一切都來自這個神靈的思想，因此，要持有這種肯定，直到最神聖的乙太在我們的實現中回應：

我在肉體思想的意識上將自己從中分離出來，因此，我可以進入耶穌基督的思想裡。

當去考慮禱告和實現的價值時，我們回想雅各和以掃收到他們的父親以撒的祝福的情況。

把祝福優先地給予長子是一個習慣，所以，這種給長子的祝福是屬於以掃的。但是，透過母親利百加和雅各自己的縱容，雅各獲得了祝福，當然是透過一個詭計得到的祝福。這個過程真的是不誠實的，以掃就對他弟弟雅各拿走他的祝福而發怒並且威脅他的生命。母親就建議雅各逃到他哥哥的

國家拉班，雅各立即開始了他的旅程。然而，他卻落到一個
思想的荒野。

身為形而上學的基督徒，我們把這個經文當作是人類的
精神歷史以及外面事件的歷史。在精神適合它的時候，我們
試圖去讀懂它。精神上的東西必須在精神上得到領悟。《聖
經》是一本精神上的書。我們達到了一個更高的理解，並
且提高了我們對雅各和以掃的不同角色的興趣，當我們不僅
把他們當作個人而且當作整個總體種族的代表來看待他們的
時候。

如果我們學習了以撒、雅各、以掃和利百加這四個角
色，我們就會發現他們代表著人類的主導思想，屬於他們的
每個存在的思想，這是至關重要的利益。

當我們讀完這個法律的時候，我們會發現以掃 —— 一個
獵人，一個屈從於他身體欲望的人，一個肉體的人 —— 代表
著肉體，身體。思想只有一點不同變化的人，一個愛家和生
活中一切安靜靈性的東西的人，雅各代表著思想，一個有知
識的人類。

當然，在演化的程序中，自然的人是第一個來到的。然
後，精神的人類才開始在我們當中發展。在這裡的聖經故事
裡，我們發現精神的人類，或者說被神靈照亮的有知識的人
類，都得到了祝福。以色列人透過這個祝福得到了偉大的儲

備。正確地理解，祝福是一個靈感的偉大的源泉。它在思想中奠定了堅實的基礎，並且他帶來美好的東西。一個詛咒看到了邪惡並且強調它：但是，祝福只會看到美好和只會強調美好的東西。因此，我們看到靈魂進化的重要性，展現在對這兩個聖經人物發展的理解的重要性。

當我們看到以撒給予雅各和以掃的祝福時 —— 在給已經給予雅各祝福的之後，他當然也給予以掃祝福，儘管他給予以掃的祝福會顯示出他的特性 —— 我們發現他是法治的。他給予雅各的祝福是思想上而不是身體上的，事實上，這是一個關心服務的種族思想的一部分祝福，這部分是必須要用權威的練習來做的。

在這種祝福中，會有一個使那些固有能力的思想進入權威的練習當中的向前力。「讓人類為你服務。」思想控制著身體。「讓……國家向你跪拜。」我們也看到國家聽任於一些思想，一些獨裁者。

「讓你母親的兒子向你跪拜：
詛咒每個咒罵你的人，
祝福每一個祝福你的人。」

在這裡，我們看到去祝福和去詛咒的想法的力量。我們看到，那些用祂的思想去詛咒的人將會得到詛咒作為回報，然而，那些祝福的思想將會得到祝福的回報。

✝ 精神化的智力

　　如果我們學習我們的思想，我們會發現它是不斷散發的能量，我們無論傳送什麼都會回來。在人類的思想上，這是真切的，我們可以在無處不在的證據中看到它，不僅是個體的而且是集體的。

　　以掃對以撒說：

「看哪，地球上的肥沃的土地必為你所住的，

　天上的甘露是從上面來的，

　你必倚靠刀劍度日，你必侍奉你的哥哥。」

　　在這些象徵中，我們有身體的人類或者肉體的人類。「地球上肥沃的土地必為你所住」：人類居住得非常接近地球。「你必倚靠刀劍度日」：肉體的人類是被思想的人類派來的，去貫徹他敵對的想法。有知識的人類是一般的或者是掌管者或者是獨裁者，派肉體的人類去執行他的命令。

「它應成為現實，當你要掙脫的時候，

　那你要動搖他要拿掉你頸項的束縛。」

　　在人類的進化中，身體「以掃」最終走進它自己了。在當今世界，以掃的祝福正在進行。我們發現，工人階級已經被壓迫在智力下面 —— 有知識的人 —— 現在開始維護他們自己了。他們正在打破束縛智力和思想的鬆散的枷鎖，肉體開始維護它自己了。我們每一天都給予肉體更多的關注。

人們意識到這個事實，就是身體是人類的重要組成部分，所以，我們看到無處不在的在履行這個祝福。

如果我們研究我們自己，我們會發現一個去解決兩種想法的傾向。智力的傾向是去主導，有它的方法和忽略了身體。但是，身體開始去掙脫束縛的枷鎖和要求它自己。這是對我們說：「為什麼？我們這個世界重要的組成部分。你不能離開我去一些遙遠的地方。我是你的重要組成部分。」所以，透過以掃，肉體開始掙脫這個主導思想，並且已經將它從神聖地方來的美好的事物中分離開來。我們把它抬起來，它開始成為世界上的一種力量。我們必須很快來到在我們國家、社會和經濟演化的一個地方，在那裡，地球和其所有都將會被一個大量的方法所確認，並且成為我們生活中的不可或缺的一部分。在這個頭腦和心靈故事中，我們得到了非常清楚的教導。以撒（我）承認這個統一，並且將它表達進他對他的兩個兒子的祝福當中。

我們有兩個「兒子」，思想和身體。是思想將我們和原則連線在一起。

雅各建立了這種連線，但是，以掃直到現在還沒能來到這個地方，一個他可以意識到他是上帝的兒子的地方。雅各從那裡拿走了祝福。他成為了唯一的代表，當他真的是很次要的時候。但是他忘記了要在比賽中向前進，因此，今天才

有我們的智力幾乎支配了一切。顯然，今天，雅各教員（璀璨的智力）已經在世界上取得了它的特權。璀璨智力的規則。上帝是無所不在的，上帝的有智力的，就像在我們思想和所有地方一樣。祝福我的意識上帶來了智力，它有著最大的執行能力。但是，我們發現我們也必須祝福身體以及和它連繫的一切。

當我們研究聖經，我們發現在他脫離無聊意識之後，雅各有了許多經歷。他進入了意識的另一個狀態（另一個國家），在那裡，他在精神上被喚醒了，並且上升到了更高層次。在《創世紀》第 28 章第 16 段，我們讀到：「雅各從他的睡眠中喚醒，並說，耶和華真的在這個地方，我竟然不知道。」他是在睡覺的意識狀態。他做了一個夢，看到一個梯子從地球延伸到了天堂，天使或者神的使者在上行和下行。耶和華在那個梯子的頂端，祂對雅各說，他一定會成為偉大國家的父親的，一個特定的祝福正在澆灌他。當雅各醒來的時候，他看見上帝就在他所在的地方，這個地方就是「上帝的房子」，上帝的住所。

換句話說，這裡是無所不在的證據。每個個體都必須有第一次對上帝是無所不在的真理的覺醒，任何可能的地方，那裡都有上帝無所不在的神靈精神。在這個實例中，雅各被岩石山丘圍繞著，他堆積石頭並且在那裡向耶和華建築了一

座壇。這為我們上了偉大的一課，就是上帝是無處不在的，無論周圍的環境可能是何種物質。對頑固不化的人類，在這種經歷中，通常會有一個很大的覺醒。

當人類開始從表面下看東西並且去意識到上帝是不斷和他在一起的，他試圖去和無限的思想，無所不在的上帝思想取得連繫。聖經上寫著：「雅各許願說，如果上帝會和我在一起，就算我走了也是會和我在一起，並且會給我麵包吃，衣服穿，所以，我再次平靜地來到我父親的房子，耶和華將成為我的上帝，然後，我已經用來建造了一個支柱的這塊石頭，就成為上帝的房子，凡是你所賜給我的，我也必將獻給你。」

這裡是一個契約或者協議，是由一個人在他第一次對一個無所不在的物質有了偉大的啟發的時候寫的。他可能在上帝是偉大的我之前就已經意識到了，是耶和華，引導著我，但是，他沒有意識到這種塵世的物質，關於他的岩石，才是真正的代表：他們是上帝物質生活中的一部分，在他的啟發中，我是人類已經分享了那種物質，這是透過無限思想的他的物質。雅各所立的契約，就是上繳他所增加的全部的十分之一，這就是在現代我們稱之為課稅的開始：讓上帝成為我們所有財政狀況的合作夥伴。

在古代世界，雅各成為了一個偉大的金融家，並透過從耶和華那裡得到的啟發，他懂得如何去利用每一個機會。

　　在說明人類應該如何去處理他們的財務狀況的時候，我們不把雅各作為一個例子，因為他是一個騙子。事實上，在這個領域上，他代表的是世界的詭計和狡猾。但顯然地，耶和華的思想，與他一樣。有時會有矛盾，就是我們無法總是理解；但是，當我們知道在關於所有屬於我們的事上，我們都是指令的權力，我們可能在財務狀況上有所進展。但是最後有一個調整，在雅各和以掃在雅博渡口的見面中有所闡述。

　　但是，關於雅各愛耶和華並與主共用他的財富的一切。他證明了法律的課稅，證明課稅是財務成功的基本原則之一。人類可以成為這個世界上物質的一個偉大的占有人，如果他們遵循課稅的某些規則。雅各為我們提供了線索，就是承認上帝是所有的物質，如果人類想智慧和良好地去處理這種物質，如果他們想為了得到偉大的物質成功去處理它，他應該做雅各所做的：把上帝作為他的合作夥伴。

　　有一種無所不在的經濟思想，如果一個人開始用這種經濟思想去處理事情，他將會擁有一個擁有所有資源的夥伴。

　　如果你想成為一個富有的人，如果你想擁有世界上的每一個樣東西，就把上帝當作你的夥伴，在你日常的給予中，把祂的思想結合到你的思想中。給予思想到你的物質中，就是你正在處理的都是上帝的錢。意識到這是你給予祂的榮耀

的十分之一。你的頭腦中有了這個思想,你就會開始吸引新的精神資源,事情將開始在你的事務中開放。你會知道,無限的思想與你一道。這就是雅各所意識到的,並且在他的事務當中,他得到了偉大的成功。我想對那些希望展示繁榮的所有人說:把上帝當作你的合作夥伴,你將會充分展現。

七倍的清洗

前往約旦河並沐浴七次，你的肉體就必將再次回到你那裡，你也必將會乾淨。

《列王記》第 5 章，敘述的是乃縵被以利沙治癒了。乃縵是敘利亞國王的首領，但是，他是一個痲瘋病人。敘利亞人把俘虜 —— 一個小女孩帶出了以色列國的國境，那個女孩是服侍乃縵妻子的人。她向她的女主人說，「我的主和先知在一起，並在撒瑪利亞！然後他會使乃縵將軍從痲瘋病中康復的。」

這件事被告知到敘利亞的國王那裡，他寄了一封信，帶著作為禮物的金、銀和衣服，送給以色列國王，請求他治癒他的將軍 —— 乃縵。當以色列的國王看信的時候，他撕裂了他的衣服並說，「我的上帝，去殺死和去救活，這個是派給我去治癒一個患有痲瘋病人的人？但是想想，我祈禱祢，看他如何去尋找一個攻擊我的爭論。」

當以利沙聽說這些，他發出話，「讓他現在來見我，他就會知道，在以色列中，有一個先知。」

於是乃縵帶著他的馬隊和戰車前往，站在以利沙房子的門前。以利沙打發一個使者去見他，並對他說：「前往約旦

河並清洗七次，你的肉體就必將再次回到你那裡，你也必將會乾淨。」

但是，乃縵發怒走了，並說，「看吶，我想他肯定會出來見我的，站在那裡，並呼喚他的上帝耶和華的名字，在那裡揮動他的雙手，恢復了痲瘋病人。」大馬色的河亞罷拿和法珥法豈不比以色列一切的水更好麼？我不可以在那裡清洗乾淨麼？」所以他氣忿忿地轉身離去了。

他的僕人走近來並對他說：「我的神父，如果先知吩咐你做一件大事，你豈能不做呢？何況，當他向你說，清洗，就會乾淨了？」

然後他走下來，把自己浸在約旦河裡沐浴了七次，根據人類關於上帝的諺語：他的肉體再次來到了，像小孩子一樣的肉體，他就潔淨了。

這個精神治療的展示無疑地就像敘述一樣的發生了，一次又一次的，它一直都是那些已經相信上帝治癒能力的人們的鼓勵的源泉。但是，所有那些精神上讀過聖經的人們，這個敘述是治療方法的豐富的線索，為所有能辨別和使用這個由以利沙在行動上設定的法律的人們所用。

以利沙通常被《聖經》的評論員當作是耶穌的一個前身。他的非凡的工作很容易地被認為是從鼓舞著耶穌的相同神靈那裡出發的，他的溫柔和簡潔只和那些偉大主宰者平行的。

不難看出，以利沙是基督的化身，他在基督顯示的某個程度上。耶穌是同樣基督的一個豐滿的表現。

如果我們承認，以利沙是基督的一個類型 —— 那就是，耶和華的或者人類最高的我是 —— 我們應該以同樣的準備承認，在敘述中的其他角色是所有人類共同所有的各種能力或者特徵的類型。

從一個特定的理解開始，人類存在的三個不同部門，精神、靈魂和身體，我們認為乃縵代表的是希望，敘利亞代表智力，以色列的國王執政知識思想領域的力量。「小女孩」代表的是一個基本的直覺，一個已經被智慧抓住並正在為它的結束服務的直覺。約旦河是生命的電流，從一個偉大的生命流入人類的自然的潛意識中。這條「生命之河」是自然癒合脈衝的源泉，在不斷地重建和恢復我們的有機體。

這個征服敏感的世界的願望，已經得到了人類的掌聲，並被稱為是「偉大的」、「光榮的」、「強大的」。這個欣喜的願望會刺激個人的自我，知道它忽視了所有高於它自己的力量。這種最高的自負停止了在有機體中的精神生活的流動，身體就會開始萎縮。驕傲和野心減少了連接靈魂和身體的偉大生命之河的無形通道。然後，血液就會失去它的萬能藥和生長健康的肉體，緊接著，皮膚和四肢就會腐爛，人就會變成一個痲瘋病人。

對挨餓的身體的唯一補救措施就是放棄傲慢的假設統治的決心。不會有新生活可以流進來，直到去鬆開它那斷言霸權的決心。所有的男人和女人都屬於乃縵的家庭，沒有一個人能完全免除個人意志的局限性，直到他已經溫柔地對耶穌說，「不是我的意願，而是祢，需要完成的。」

　　直覺（以色列人的那個小女性）指出了代表耶和華的那個人住在撒瑪利亞。個人會喜歡把身外之物顯示出來，去見簡單和謙虛的以利沙時，除了帶著一群偉大的隨行人員，馬匹，戰車，還帶了作為禮物的金、銀以及豐富的衣服。他期望先知呼籲他的上帝，在這裡揮動他的雙手，並且顯示一個偉大的治療。但是，那個溫柔的先知用他的簡單的方法告訴他要在約旦河裡沐浴七次。當他從這麼遠的地方來到這裡而且還花費了這麼多時間，卻被告知就只需要做這樣一件輕微的事時，乃縵發怒了。他曾經期望先知會承認他的崇高的地位並且會給他特別的關注。去做一件這樣幼稚的事情，沐浴在一條像約旦那樣無關緊要的河流裡，使他充滿了憤慨。

　　真理的老師不得不去滿足在他們學生當中的這種個人意願的自我中心。這個去獲得知識的智慧的方法是如此的沉悶：這麼多書必須要研究，這麼多事情要記住，真理的簡單方法被認為是幼稚的。在現代醫療實踐當中，一個中風的患者可能要被服藥，被打免疫血清，被 X 光檢查，還有什麼沒有做

的。耶穌醫治這種疾病，簡單地說，「兒子，可以放心，你的罪惡被赦免了。」

耶穌說，祂是透過對那些為祂帶來疾病的人的信仰來完成這個的。在恢復生命有機體的力量可以在操作上實施之前，必須要有信仰的行動。醫學專業的費力的方法，都是為了達到刺激自然的治療力量的目的。自然是思想的僕人，並且當合法的思想在意識中環繞的時候，自然就會恢復自然在精神、靈魂和身體之間的和諧的存在。當使用正確的思想和被理解的話語時，自然的工作就會非常容易的完成，知識的人類可能會有所迷惑並且會懷疑地搖了搖頭，或者像乃縵一樣離開了，對看似粗糙的和前所未有的處方而發怒。然而，乃縵的僕人說服他去嘗試一下以利沙的治療方法，並且，當他已經在約旦河沐浴了七次之後，「他的肉體再次來到了，像小孩子一樣的肉體，他就潔淨了。」

在所有精神治療方法當中，第一步就是信仰，然後接著是接受能力。在驕傲和豐滿的智力主導的地方，幾乎沒有機會讓生活的潛意識流去完成它的清洗工作。驕傲的乃縵在他可以被治癒之前首先必須要謙卑，在他身體裡面的驕傲的肉體可以被治癒之前，驕傲的肉體應該從他的心中帶走。

以利沙顯然沒有參與到治療當中，只是指導乃縵去約旦河沐浴七次。但是，在以利沙的工作當中，有一個深層暗流

的神靈力量。他代表著更高自我的乃縵的已經被加快意識。耶穌在《路加福音》第四章的 27 節中提到了這一件事：「在先知以利沙那個時代，以色列中有許多痲瘋病人，沒有一個是得到潔淨的，除了敘利亞國的乃縵。」

以利沙叫乃縵去約旦河裡沐浴七次。七是紅衣主教的數字，並在古代被認為是擁有神祕意義的，那就是完美的象徵，除了被用於任何不確定的重要的數字，正如現在所使用的二十或者一百。彼得在這個意義上使用它，當他說：「我的弟兄得罪了我，我應該饒恕他幾次呢？」耶穌回答說，「直到七十個七次。」

七是如此普遍的被用作一個神祕的數字，在自然世界的基本安排下，這一定是有一些原因的。在所羅門的聖殿裡是七個燭臺。我們知道這個聖殿代表著人類的身體，那七盞燈是有機體內七個中心的象徵，透過這些，智力就被表達了。每個人都知道這些中心的五個：視覺、聽覺、味覺、嗅覺還有觸覺。除了這些還有兩個，我們可以稱它們為直覺和心靈感應。太陽神經叢是直覺的有機體，而且是心靈感應的大腦器官。

所有這些中心的光亮已經被罪惡調暗了。因此，罪惡同時也被給予了七種分類，即驕傲、憤怒、欲望、貪婪、嫉妒、懶惰還有暴食。生命的偉大的淨化河流必須洗掉這些罪惡和在他們體內的痲瘋病。要把這些透過人類，必須否認在

✟ 七倍的清洗

七倍測量中黑暗的誤差，它掩蓋了內在的光亮和生命。在直到整個身體都被清洗乾淨之前，這七種洗滌必須要重複進行。

眼睛代表的是思想的辨別能力

「我的眼睛不再因欺騙、隱蔽或者欲望的想法而變得黑暗。
清洗的生活和神靈的光亮使這些眼睛變得純潔和清潔，
並且透過無盡的思想我擁有了精神的願景。」

耳朵代表的是思想的接受能力

「我的耳朵不再因自我的敏感和任性而停止。
我不再受個性的約束。我現在沐浴在偉大的生命海洋中，
在無邊無際的神靈中我被釋放了。我聽見真理的只有歡
喜的聲音。」

鼻子代表的是思想的主動能力

「神靈的淨化生活釋放了我頭腦裡所有恐懼、
膽怯和無能的思想。我是大膽的、自由的、勇敢的神靈，
並且我透過基督可以做所有的事情。」

舌頭代表的是思想的判斷能力

「食慾的感覺不再阻礙我精神判斷的清楚識別能力。
神靈的淨化生活加快和淨化了我的味覺，並且我
只喝在神聖法律下要求我的身體的。」

144

感覺代表的是思想的愛的能力

「我不再束縛的去認為感覺是在物質上的。

神靈的淨化生活為感覺樂趣溶解了所有肉體的欲望。

我就是神靈，並且我渴望生命的清潔，純電流流過我身體的每一個部分，因此，所有的一切都可能被清洗乾淨。」

直覺是思想的自然感知能力

「神靈的淨化生活淨化了我的心，並且我相信

在我靈魂當中的『仍然還小的聲音』。」

心靈感應是思想的交換

「神靈的淨化生活清洗了我思想中的無知和物質性，

我看到了活動的想法並且理解它們輸入的獨立的人類語言。

就像上帝給丹尼爾的「所有學習和智慧當中的知識和技能，和……在所有異象和夢兆中理解，所以，他給予我和他的所有的孩子他的偉大的思想使用的最初的想法，就像我們希望的一樣。」

禱告和信仰

　　禱告是一個易受影響的科學，以保持其規則，證明它是基於顯而易見的法律的。知識學校的科學家們不會接受我們所宣稱的科學的禱告，因為我們是在一個他們從沒有調查過的領域中操作的。然而，在他們的哲學中，「天堂和地球中有更多的事情……比想像中的還多」。

　　正在測試禱告的法律的我們，不能保證地說我們已經非常清楚地發現和應用它們，但我們可以把它們教給大眾。禱告的法律需要一個發達的思想讓它們充分地被表達，因此，並不是所有人一開始就有能力去覆蓋整個心理和精神活動的範圍，必須要無窮盡地去示範禱告。耶穌教導說，無論我們在禱告中要求什麼，要相信，我們應當會有所得到的。

　　所以，在我們開始探究科學的禱告的時候，在他的最有效率的禱告中，我們發現一個由耶穌強調和展現的非常重要的條件，那就是信仰。我們必須要有信仰，儘管在我們可以接近實現法律的禱告之前，它僅僅是芥菜子的大小。

　　信仰是最神祕的精神能力，到目前為止，沒有人可以描述出它的能力。許多人都曾經試圖過去描述信仰，但是得到的是無關緊要的成功。所有精神上的形而上學者們一致認為，信仰是對人類思想所連線著的物質和精神的力量的一個

理解。信仰用一個設施處理著想法，類似於我們處理南瓜種子的設施。我們把小種子種在肥沃的土地上，在幾個月當中，看著他們生長成為大南瓜。這是一個偉大的奇蹟，就像耶穌表現的一樣，區別在於，它需要的是時間和一個對物質的調整，而不是精神上的條件。

但是，科學上對法律操作的表現，在一個案例和其他案例中都是同樣神祕的。然而，我們發現，我們可以改善條件，使其有利於在自然世界中成長，這是去假設的一個良好的邏輯，就是我們可以在古老禱告的實踐中得到提高。原始的人類有從他的上帝中分離出來的意識。他們相信透過風暴、閃電還有地震，他們的神正在為他們的罪行而進行報復，他們祈求要得到解救。然後，最常見的禱告形式就是為某個人偏愛和復仇的敵人的禱告。這種形式的禱告在以色列人當中深受歡迎，透過他們的文字可以證明：

「耶和華啊，祈求祢從我的仇敵當中，救救我。」
「將我隱藏在你翅膀的蔭下，

將我從欺壓我的惡人當中脫離出來，

那圍困我的，是我致命的敵人。」

雖然在我們對上帝的態度中得到了一些進展，絕大多數基督教徒仍然向一個遙遠的上帝祈求幫助。

我們需要的是一個對原則的更好的理解，這是個在存在中

非常基礎的原則，是上帝的精神品格，尤其是無所不在的精神上的原則。然後我們需要理解我們與這些精神原則的關係，並且我們需要做什麼來讓他們在我們的思想和事務中運轉。

我們首先需要知道，禱告是累積的，我們禱告得越多我們累積的強大的精神力量也就越多，這是一種將無形的想法轉化為有形的東西的力量。保羅說，「要不停地禱告。」不要去哀求和祈求上帝給予你你所需要的，但是必須要了解、肯定和絕對知道，你的最高思想現在正在上帝思想的本身中運轉，並且你的最高思想物質和精神物質被合併和混合成為一個完美的整體，現在在你請求的所有東西中表現出來。

這就是現代科技的禱告，並且在這個現代機械世界，它被不少虔誠的靈魂證明了。它不是情感，它的信徒也沒有期待奇蹟的發生，相反的，他們運用正義思考的法律去想問題，這些問題一直被視為是在精確科學的領域之外的。

在陽光底下的每一個科學都得到了進步和發展，從其早期的未成熟狀態脫離開來，除了上帝和我們與祂連繫的真實特性的科學。現在時間已經到來，我們是時候去改進崇拜的方法並且把他們減少到科學思維的法律。但我們充分意識到，上帝是一個偉大的思想，在那裡「我們生存、移動並存在」，我們將開始與無處不在的思想一致的使用我們的思想。然後，一個最高的和諧將屬於我們，禱告將成為一個神

聖的獨白。因為現代世界的令人欣喜的音樂已經得到發展，是從原始牧羊人向他的伴侶演奏笛子發展而來的，然後，透過他的音樂愛上了他，所以，我們應當展開與上帝交流的先天能力，並且最終將會發現神聖的和諧。

在透過這個對禱告的真實特性的理解之後，讓我們給我們自己禱告吧。

在它的精神特性當中，我們的思想與神聖的思想交融在一起，就像霧和雲交融在一起一樣。兩者都是由相同元素組成的，如果交託給它們的自然親和力，它們之間的結合是沒有摩擦的。但是給予「薄霧」分離的權力和能力，我們是有涉及超出列舉的部門的條件的。人類是由上帝產生的，有同樣的思想元素，並且總是存在於上帝的思想的。然而，透過他是獨立於無處不在的神靈的思想，他已經從他的來源中建立了一個分離的精神意識，他住在比手和腳還靠近他的無知的地方。每天幾分鐘指向上帝的承認祂是存在的思想，將會讓人相信這裡總是有一個情報與我們在一起，響應我們的思想，當我們把我們的注意力集中到祂那裡的時候。有時候，我們會自動地取得這種崇高的連繫，當我們的思想被卓越的視覺或者聽覺刺激的時候。著名的天文學家克卜勒有過這種經歷，當他在觀察寬闊和威嚴的宇宙恆星的時候，他激動地喊道：「啊，上帝，在祢思考之後，我正在思考祢的想法。」

我們大多聽說過，讓我們自己去服務世界，但是，我們所提供的自我到底有多重要呢？如果我們已經發現了真正的自我，那麼該提供就會值得，但是，如果我們提供的是孤獨的個性，那麼我們就永遠不能使世界燃燒起來。

保羅就是一個很好的例子，一個不知疲倦的牧師。我們很難想像他所經歷的艱辛。在《哥林多前書》福音 II 的第十一章的 24 到 28 節當中，他列舉它們中的一些：「被猶太人鞭打五次，每次四十，減去一下，三次被棍子打，一次被石頭打，三次遇到海難，我在海深處待了一天一夜；經常在旅途當中，遭遇江河的危險，盜賊的危險，來自同胞們的危險，來自外邦人的危險，城裡的危險，狂野的危險，海中的危險，在假兄弟當中的危險，在奴役和艱苦勞動中，常常在困苦中，在飢餓和乾渴中，常常在禁食中，在受寒冷和赤身裸體中。除了這些外面的事情，還有為眾教會掛心的事，天天壓在我身上。」

保羅是一個造帳篷者。他挨家挨戶去宣傳福音。在特羅亞，保羅在第三層的房間裡說教了幾個小時。大約在午夜時分，一個叫猶推古的年輕人熟睡了，就從一個窗戶上掉了下去地上，扶起來，已經死了。保羅走了下去，並將他復活，然後回去說教，並直到黎明。說教說了十二個小時會嚇跑一些部長和全部的教會，但不是保羅。

「無論我將穿過的那扇門有多窄，無論我將肩承怎麼樣的責罰，

我是自己命運的主人，我是自己靈魂的主宰。」

保羅對提摩太建議，「鍛鍊自己以至於虔誠」。「練習」這個詞從一個希臘的單字中衍生出來，其根源的意思是「體操」。那就是鍛鍊你的思維去思考作為一種力量的上帝，當你將力量併入你身體中的時候，它可以融入到你的思想中。如果你的思想是脆弱和鬆弛的，那就去練習思考上帝是強大和穩定的。這將會提升你的思想並擺脫憂鬱，將你與穩定和信心的不窮盡的來源連線在一起。因此，按它們重要性和必要性的次序，來獲取所有上帝的屬性，比如生命、愛、力量和智慧，並且透過鍛鍊，將它們包含到你思想的肌肉中。

我們會很容易忘記，人類思想的發展像他的肌肉一樣，是要透過鍛鍊。當一個牧師離開神學院的之後，他認為他的教育就完成了，那他就永遠不會成為人類偉大的老師。因此，在他已經「轉化」之後，以為他已經被救贖的基督教徒會發現他的救贖才剛剛開始。轉換和「心裡的變化」都是真實的經歷，所有已經透過他們的人們將會證明，但是，他們才僅僅入門到基督裡的新生活。當透過他的思想對上帝及祂的法律的思考練習，一個人到達了一個特定的高尚意識的時候，他就會從一個思想世界提升到一個極樂世界。這就是

他進入天堂王國的開始，也是許多耶穌話語的文字。當一個人到達了在他意識裡的這個高度的地方的時候，他就會被神靈洗禮，也就是說，他的思想甚至他的身體都瀰漫著精神的精髓，並且他就開始了成為在基督耶穌裡的一個新造人的過程。懷疑論者和一些無經驗者認為一個人的生活變化是由轉換產生的，這種轉換只是一種情感的動盪，最終是會過去的並且離開這個主題，就像他以前一樣。沒有人能永遠離開和他以前完全一樣的經歷。一個影響已經在靈魂結構中產生，並且將永遠不會完全消失，但是它可能仍然只是一個暫時的印象，除非他是透過練習來發展的。這種發展只透過身體的鍛鍊是不可能完成的。就像保羅聰明地說，「身體的鍛鍊只會使一些受益，但是虔誠會使我們的所有事情都受益。」

治癒的話語

　　透過話語的力量來治癒，並不是源自於拿撒勒的耶穌，儘管這是來自於祂的，就是我們得到我們現代的靈感。在每一個年齡層的人類，已經實現了完美的原始本質的存在，並且發出實現的話語，結果就是已經恢復了事情內在的和諧和秩序。

　　無論是誰意識到上帝是潛在創造性的完美，那個人就是祂的代言人，已經為透過話語的力量去執行治癒的奇蹟奠定了基礎。但是，為了完成這個奇蹟，他必須說他所知道的是真實的話語。

　　在每一個時代，數千人都已經看到上帝的完美存在的真理，但是他們還沒有確定到走出去並向這個等待的世界去宣揚它。拿撒勒的耶穌被視為人類的救世主，因為祂自由地去宣揚關於上帝和人類的真理。祂不僅去宣揚這個，而且祂對話語的力量有所信仰，透過這種話語祂從昏睡的精神裡面去救贖那些已經墜落到裡面去的人類。

　　「耶穌走遍加利利，在他們的會堂裡教訓人，宣講天國的福音，並且醫治在百姓當中的各式各樣的病症。」耶穌的醫治方法一直都是一個主題，許多已經在學識上討論和寫過。已經有了很多的理論，但是它們幾乎總是在被理論。有

聲稱說袖是上帝的唯一的兒子,並以一個特定的方式生出去完成一個神奇的工作,這同樣是對袖的一個理論,袖還沒有清楚地理解到是什麼構成上帝的兒子的,因此,和一個還沒有被神靈加快的人去討論神靈的東西,這將會是徒勞的。

無論對耶穌的顯著的治療力量的這些不同理論會是什麼,從沒有質疑過這一點:袖使用話語作為車輛的治癒力量。袖總是對病人說:「就像一個有權威的人。」袖有一定的保證,一個內在的信念,袖所講的都是真理,袖說:「你已經痊癒了」,袖的理解的結果就是為病人的思想帶來了信念,並且為向說話者走來的「美德」開啟了一條道路。儘管這些是非常明顯的被耶穌使用的話語,但這也曾經有過失敗,在耶穌的一部分追隨者當中,去掌握他們極其重要的在部門示威的時候。在宗教領域中一直有一個信念,就是有一個地方裡丟失的話語,一旦被發現和說出來,所有的一切事情都將會恢復原狀。猶太人說這些丟失的話語是隱藏在「耶和華」的名字當中的,並且它的正確的發音不再是為人類所知的。他們聲稱這曾經是為他們的祭司所知的,當它被用於所有被上帝顯化的力量的時候,在它的短暫的瞬間時間下強大的工作就被完成了。

在連線天堂和地球的創造性中,所有的這些都和在《創世紀》中「上帝所說的話」相似。

在一開始，話語是創造的代理，約翰將其人格化並且證實了這個。他說，在一開始「話語是和上帝一道的」並且它就是上帝，所有的事情都是由它創造的，如果沒有了它，就不會有已經製造出來了的所有事情。約翰所使用被翻譯成「話語」的術語，在《欽定版聖經》（*Authorized Version*）當中有一個更深層的意義，比起聖經讀者經常給予它的。「話語」指的是個人的耶穌基督，這已經被教會所採取了，而且這一直都被如此接受。

最徹底的希臘學者和所有認真的和誠實的經文當局告訴我們，希臘術語的標識在英語語言中是找不到相同意義的，它是不能被翻譯出來的，而且應該站在它原始的形式而不是接受翻譯，「話語」。

即使在希臘術語的標識中有一個內在的意義，只有那些精神上有洞察力的人才可以理解。表面上它覆蓋了口語和底層的原因或者有效的前提，這兩個像同一個一樣密切的連繫在一起。約翰在以下話語中傳達了出來，「道與上帝同在，上帝就是道。」這裡隱含了一個區別，但是也隱藏了在目標上的統一。希臘教會的早期教父們的神聖的標誌有著非常特別的意義，只有那些鑽入到存在的最裡面去的人們才可以理解。

斐洛使神聖的象徵展現了所有的神聖力量和思想。他將

它從與人們的理性相對應上帝的內在象徵，和與揭示思想的口頭語言相對應的來自於上帝的象徵之間區別開來。前者包含的是理想的世界，後者包含的則是第一個上帝所生的兒子，上帝的想像、創造者、保護者、生命和光明的賦予者、上帝和世界之間的仲介者。有人宣稱，斐洛是在個人和客觀概念的代表之間搖擺的，但是更傾向於客觀的。

說到象徵，菲利普·沙夫說：

「聖約翰四次使用象徵（翻譯詞）作為神聖的一個指示，基督預先存在的人，透過他，世界被創造出來了，並且他成為了我們救恩的化身（約翰 1:1-14；約翰 I1:1-5:7, 牧師 19:13）」。

斐洛可能建議使用術語（雖然沒有證據表明約翰讀了斐洛中的一行），但是，這個想法是源自基督的教學的，來自於舊約聖經，它在隱藏和表明上帝的存在之間做了一個區別。在希臘語言當中，這個用法有一個內在的繁榮，在那裡，標誌是陽性的，並且在思想和語言中具有雙重意義。基督作為他的神聖的特性，支撐著與上帝同樣的關係，就像話語支撐著想法一樣。話語給予想法形狀和形式，揭示它的沒有。話語是想法的表達，想法是內在的話語。沒有教師的原因，我們就不能說話，同樣，沒有話語我們就不能思考，不管表達還是不表達。基督代表是隱藏存在的上帝，上帝的表

達、反射和有形的想像，所有他顯現世界的器官的探測器和解譯器（約翰 1:18；馬太 11:27）。這個象徵是上帝的一個特性或者本質，然而，他不同於個人，個人最靠近地跟他交流。

在簡單的日常語言當中，我們可能會說存在，最初的源泉，是一個客觀的原則；但是，在它創造性工作當中，它提出了包含所有思想的想法：象徵，基督，上帝的兒子，精神的人類。這個想法是創造的力量，由宇宙原則配製的混合的意識。

上帝寫道：「你……比起注視邪惡，是純淨眼睛的藝術。」「兩隻麻雀不是賣了一個銅錢嗎？沒有了你的神父，牠們一隻也不會落到地上。」這些段落似乎自相矛盾。當我們明白在第一段落中所指的原則，和在第二段落中象徵或者耶穌的創造性父親的時候，然後，一切都將清楚了。耶穌總是被稱作神聖象徵的「神父」。祂從來沒有將它當作抽象，但是總是作為一個對所有創造擁有強烈愛和憐憫的存在。

所以，祂會成為每一個與他取得意識連繫的人。我們應當意識到存在，是迄今為止，不僅作為固有的原則和堅定不移的法律而言，並且是人類迄今為止，作為和我們每一個人的關係而言的；我們作為個人確實成為了宇宙神靈的普遍關注的焦點，聰明絕頂和普及的代表，並且透過我們，宇宙就形式了。

「那時他們要看見人子有大能力、大榮耀、駕雲降臨」。我們每一個人都是人類的兒子，並且我們的榮耀和能力是保持在神聖的象徵上的。

我們走向這個有能力的和榮耀的上帝，只是在某種程度上，我們識別和使用這個象徵。拿撒勒的耶穌在其最廣泛的意義上承認和使用它。對他來說，這不單只是善良和權力的一個普遍的原則，而且是它表示得更多，它是一個親近和和藹的神父，一個比任何塵世的父母還對自己的孩子感興趣的父親。

「你們雖然不好，尚且知道拿好東西給兒女，何況你們在天上的神父，豈不更把好東西給求祂的人嗎？」

我們可以離象徵不遠並生活在它那榮耀的影子下，或者我們可以離象徵很遠並生活在榮耀的陽光下。那些請求較少的人們會得到同樣程度的接收，其他那些請求很多的人們會得到很多的接收。

這個象徵是原始精神理念和上帝精髓的保護者和傳達人。它是宇宙寄託的維繫者，所有它的創造物都是有精神上的順序的，那就是邏輯順序。我們所畫的每一跡象都是依賴於它。它的物質和智力是被王子和農民以同樣的方式所使喚的，在這個意義上，它就變成了眾人的僕人。所有的一切都用唯一的方式將它融入到意識裡了 —— 透過思想。無論你怎麼看待生活或物質的，它們都是屬於你的。

如果你認為這個象徵透過你磁性的雙手的力量，會治癒你的疾病，那麼在這個方法下，你就會痊癒。如果你覺得它會透過你的沉默或者口頭語言來治癒的，那麼，它就會採取相應的這個行動。它將會為無知者和聰明者，惡人和好人，窮人和富人工作的。它都是為你所用的，無論你會用什麼方式。然而，你所得到的永恆的結果，將會和你對它的整個本質的理解成比例的。為了在它的恩典下成長，為了在永恆上帝的無窮的榮耀下得到榮耀，我們必須知道你所處理的它是誰。

　　在我們這個時代，許多人在這個方面都做的不足。他們已經被教導過象徵在其治療方面的操作，並且他們把它作為一種新的治療藥劑來使用它。對他們來說，它是一個冷的抽象概念，一個有智力和物質但是卻沒有意識的原則。他們所處理的這些品質就像陶藝家處理他們的黏土一樣。比起努力去獲得應該存在於父母和孩子之間的與神父的親密關係，事實上他們卻為了達到自私的目的，將一個新的代理商引進到他們的商業世界。不要讓這種科學的冰冷的雙手掌握了你的事情。拒絕去見除了神父之外的比任何人都沒有同情心的人，祂是一個對你生活中的每個行動和你思考每個的想法都感興趣的人；祂是那個甚至會計算你有多少頭髮的人。這就是我們的上帝，居住在我們心裡和靈魂裡的，並且將所有清

洗、治療和令人振奮的力量爆發進入我們思想裡的最高尚的上帝。對於這個親愛的神父來說，沒有什麼是小的，沒有什麼是偉大的。祂從來不會忽視祂的創造，祂不會站在遠處並用一個行家的冰冷和挑剔的眼光觀察。祂的同情心在悸動，祂將我們寄養在祂所存在的神聖的地方騷動的意識中，我們快樂地大聲叫道，「雖然所有的一切都捨棄了我，在祢這裡，我找到了依賴」。

然而，我們必須要獲得上帝人類的完整的身材。我們最終必須明白，神父不可以限制所有人類對祂或者祂應該為我們做什麼的想法。我們必須知道，這裡只有好的，並且是好的話語才是唯一能永久治癒的話語。只要我們相信，應該是上帝治癒我們而不是其他，祂可能被誘導去給我們祂治癒的神靈，在這個特定的情況下而不是在其他，那我們就判斷錯了祂的本性。如果這裡對話語的治癒能力有任何的限制，那些就是我們自己所創造的。

在應對緊急狀況時，治癒的話語不是一個特殊的創造，它不是一個去治療特殊疾病的專利藥品。這個想法就是一種治癒的話語，是起源於我們有限概念裡的，就是這裡有些東西需要治療。

上帝是最完美的：話語就像是這種完美，祂所創造的一切都是完美的。祂需要確認的只有完美而已。當我們意識到

來自這個理解平面中的這種完美，並說出真理的話語時，這種話語就會向前去並且建立這種完美。祂是不會去治癒所有事情的 —— 在祂的完美下，沒有什麼事情是需要治癒的。祂的工作是去看守祂存在的完美，當我們去完成神父的工作時，我們所看到和恢復的永遠都是完美的。

因此，祂是理解得最徹底的，就是上帝是最完美的，並且在祂那裡可以沒有缺陷，如果用信念將這種理解說出來，將可以使所有的事情在神聖的指示下安排自己。

這就是每天和每個小時透過在這片土地上的所有信念所表現出來的，從而證明了真實自然的象徵或者上帝的話語。象徵這個詞的意思就是基於這個理由所說出來的。如果在合理的前提下，上帝是無處不在的，上帝是對你無所不知的，除了治癒和振奮人心的話語你不能說其他的。你的話語必須是為了治癒萬民，因為它們是源自於沒有對立的真理的向前流動的真實話語。

如果你相信善的和惡的這兩個條件可以從這種神聖的象徵中帶來，既甜蜜又苦澀的水可以從相同的泉水中流出，那麼你的治癒將會被混合。泉水是純淨的，為了它的流出，要使你的思想開放出一條道路，你允許它繼續保持它原有的純淨並且淨化你所加快它的所有。然而，如果你透過在泉水或者泉水正在流出的當中的一個限制的想法，一個有缺陷的想

法，停止了這裡和那裡的流動，那麼，你就切斷了它到達那個程度的自由流動。

不要去解釋這個，這意味著透過你的思想你可以汙染這個泉流。這是不可以做的，你乾脆拒絕它充溢的純淨的進入。就像鏡頭折射陽光一樣，你可以收到一些光線，但是你不會把它們扔在螢幕上。神靈的白色的光芒澆灌著你和你限制的想法，在一個既定的方向，使你在祂的一些顏色下是不透明的。

你是不亞於上帝的孩子的，你是被委託了創造性的力量的。但你意識到這些之後，你可以向前去原諒人類的罪惡就像你所原諒了你自己的一樣。

上帝的話語是透過人類的兒子說出來的。你就是人類的一個兒子，治癒疾病、驅趕惡魔、寬恕罪惡並且傳播一個活著的上帝的福音的事業都是你的責任。

但是「話語是非常接近於你的，就在你的口中」。將它說出去和展示它，就像耶穌一樣，「人類的兒子在地球上有去寬恕罪惡的權力」。那什麼是罪惡呢？它是一個去獲得幸福的錯誤方法嗎？上帝是快樂的，這也是我們所有人或者我們不會去為它爭取的一個自然特性。這裡也必須要有一種方法去達到它。如果在我們已經跟隨的方法下我們還沒有達到它，我們只有轉動並且去尋找其他的方法。只要我們放開並

且意識到，神靈的方法就是愉快的方法，那麼我們已經寬恕了我們的罪惡了。這種精神態度已經得到了上帝話語的邀請了，並且它流向我們的意識和擦除錯誤的概念。

每個人都可以說真實的話語並且成為去寬恕罪惡的上帝的代言人。就算是小孩子或者是無知的弟子也可以這樣做。這種力量並不存在於個人，是透過話語來淨化的。「我對你們所講的話語已經使你們潔淨了」。

這個上帝的道是一個精神原則。就像我們所呼吸的空氣一樣，它是無處不在的。

它的一個小粒比許多噸的炸藥還要更強大。這就是將會移除山脈的「所希望的事情的保證」。正如一個智者所說，這是非常接近於你的，甚至「在你的口中」。它的前提就是，上帝是好的並且他的後代是像祂的。在所有你想的和做的事情當中，你只要意識到這個前提，然後說出去獲得承諾的結果。這裡是沒有尊重人類的神的：你只有盡可能地像耶穌一樣接近神，如果你意識到這個原則並且總是說出真實的話語。

禱告的治癒是如何完成的

　　透過對上述課程的學習，你應該要相信人類和宇宙是在至高無上的存在的創造性指引下的，按照你的意願去命名它，為了得到健康、快樂還有智慧，人類只需要去遵守創造性思想的法律。不管是適用於你自己還是別人的所有治癒的方法，都會有邏輯地發生在你身上，在於建立個人和宇宙意識的統一。沒有人能治癒他自己和其他人，只有至高無上的思想才能完成這個工作。「住在我這裡的神父完成他的工作」，耶穌說。這就是所有真實智慧的證言。

　　在所有的治癒當中，第一步是對在療癒者和病人當中的一部分的識別，就是上帝是作為一個強大思想的存在，等同於所有疾病的治癒方法，無論可能出現的疾病是多麼地糟糕。「和上帝在一起，所有的一切都有可能」。與神父思想建立統一連繫的最佳方式就是禱告。「上帝就是神靈」，並且在每個靈魂當中，祂都擁有一個王國或者統治的中心。不要仰望或者尋找上帝，只需要「向在暗中（在你自己靈魂中的沉默）的你的神父禱告，在暗中檢視的神父必然報答你的」。

　　在每個治療的一開始，許多治療師都使用主禱文。與神父談話，就像祂是一個存在於你的實體。對你的靈魂來說，祂是可見的，當你已經得到了特定內在的信心，即信念的時

候，你將會清楚地意識到祂的存在，就像你對有形東西的意識一樣。當你已經靜止了外部的感官並且變得安靜的時候，你就達到了一個精神境界，在這裡，想法是服從於話語的。錯誤的想法必須說出來讓它們走，正確的想法必須讓它們各得其所。

精神的原因是非常複雜的，在所有情況下，是很難指出導致某些疾病的特定思想的；但是，十二種基本的思維活動是所有存在的基礎，當與其中的任何一個取得連繫時，其他的所有都會有所回應的。

幾乎所有的病人都缺乏生命力，因此，生活治療對所有人都是有好處的。憎恨、憤怒、嫉妒、惡意，以及類似的這些東西幾乎普遍存在於人類的意識當中，因此，愛的治療將會證明是所有的一貼良藥。

大多數人們都害怕貧窮的負擔，然而繁榮的治療將會是有效的。不要害怕治癒作為一個整體或者部分的宣告，他們會經常幫助而且不會傷害所有人。記住所有治療的目標都是去提升基督意識的思想，透過它所有真實的治癒都完成了。

禱告治療的例子

憂慮、焦慮、擔憂、恐懼、還有懷疑 —— 這些思想引起了內心的緊張，所以把偉大的幫手，真理的神靈關在了大門之外。祂靜靜地說：我現在從憂慮、焦慮、擔憂、恐懼還有懷疑

中釋放出來。我對你的聖潔的神靈充滿信心，我相信你會保護我，會為我供應，並把我的所有事務都帶到神聖的秩序下。

緊張不安

大腦沿著神經傳送資訊，是神經形成了大腦交流的網路，進入了一個來自重複焦慮、擔憂、恐懼思想以及許多形式的緊張的結果的習慣性的思潮環境。這種緊張的想法一定要明確地否認和肯定事實。請默默地說：我並不受緊張的影響。在神靈和真理面前，我的神經是和諧的、安靜的、鎮定的。

注意：首先要否認精神的原因，然後還有物理的外觀。緊張是由擔心，焦慮和像這樣的情緒產生的。應該要先治好這些精神狀況，然後第二階段就是必須要否認和分解這些在身體中產生的負面情緒，最後確認完美的狀況。

感冒，流行性感冒，以及流感

確認：

神靈是不受熱或冷的。我就是神靈。我是存在的積極力量，並且我拿出我意識裡的所有消極的想法。我不相信那個叫冷的東西，我一刻也不承認它能對我產生什麼作用。我就是神靈，自由流動的生活，並且在上帝這裡我的循環是均衡的。

胃方面的問題

禱告：

我的理解是建立在神靈上的。我知道思想和身體之間的關係，思維與物質之前的連繫。我贊跟我所吃的，我所吃的也贊跟我。我與所有的人和所有的事都和平相處。我所做的都不會抵制或對抗任何的人或任何的東西。我的胃是強大的，明智的，並且是充滿活力的，我經常思考和提到它，給予它去完成每個方法都能適合的工作。我不會將超負荷強加於我的胃。我被神聖的智慧指導著進食和飲水，並且我遵循的是它的指示而不是感覺的食慾。

我不再會為我應該吃什麼或者我應該喝什麼而擔憂。我並不著急或者擔心，但是每餐飯後我從所有生活的重擔中得到休息，我給予我的胃在神聖的法令下完成它完美的工作的機會。

所有肝臟的問題

禱告：

我不會被誤判，而且我也不會誤判別人。我不會去批評或譴責。

我不會對他人有艱苦和報復的想法。我不認為我曾經被不公平地對待過。

神靈的思想是我的最高仲裁者，我將所有的審判都寄託於神聖法律的正義判決。

現在，神靈的敏捷的能量滲透和貫穿於我腎臟裡的每一寸，而且使它能夠自由地發揮它那完美的功能。

腎，膀胱，以及泌尿系統疾病

禱告：

上帝是我生命的力量。我不相信力量會被耗盡。力量總是以最高的完整性出現，我永遠都是強大的。神靈是我腰的力量，我的背部從所有負擔的想法中釋放出來。

我的生活被神聖地安排好了，我不怕虛弱、年老或死亡。我生活中所有的東西都來源於上帝，他是我體內泉水的源頭。貪欲的激情不再將我從純淨的生命中分離出來。我的生活被基督思想照亮，我從死裡重生。我的生命與耶穌一切隱藏在上帝的生命裡。

所有喉嚨的苦難

禱告：

在天堂（思想）和地球（身體），所有的力量都賜予給了我，統治權、管理權和掌管權，都是我神聖的權利，我拒絕相信失敗和挫折。我是自由的，神靈的鼓舞不斷地流入我

的靈魂。我被神靈加快了，我的肉體是順從的。我是高興和榮幸的，因為基督的快樂都是我的。我充滿了神靈的力量，我有機體裡的每一個細胞都被上帝照亮。我就是復活和生命。

為期六天的禱告療法

研究發現，大腦透過六個步驟或者階段來建立了一個永恆的意識，稱為創世紀「天」。

首先，大腦去感知和確認真理是一個普遍的原則。其次，工作力量中的真理信念是天生的意識。第三，真理在思維中有明確的形式。第四，意志使真理變成行動。第五，識別能力被加快，真理和謬誤之間的區別被辨別出來了。第六，每一個想法和話語與真理和諧地被表達出來。

「第七天」代表一種實現神聖法令的和平的信心和寄託。

透過一個星期對這些否認和確認的使用，一種新的和更有序的思想基礎就會在心裡建立，整個人都將會是和諧和充滿活力的。這個過程經常能治癒頑固性的疾病，並且這個六射線課程與特殊的禱告一起被推薦。

猶如你輕輕掃除蜘蛛網一樣來進行否認，在一個強大、英勇、激烈和積極的思想態度中進行你的確認。

每一天的治療，和在整個治療過程中，如果有必要的話，要反覆地進行，直到它顯示出它在意識中活著的存在和潛力。

如果你渴望去幫助一個不會去努力或者自己不能成功地將他的思想與原則和諧的連繫的病人，想一想這個人，當你

在保持日常的思想的時候，神靈將會使你的話語展現在你和他身上。

祈禱

在每一天的治療之前：

我承認你的存在和力量，神靈的祝福；在你身上的神聖的智慧現在抹去我精神上的局限性，並根據你那完美的法令，從你愛的純淨物質中彰顯我的世界。

星期一

否認：

我不再是愚蠢和無知的，並且愚蠢和無知的祖先再也不會來拜訪我。

我從種族以及那些與我有連繫的愚蠢和無知中釋放出來。也許是被我自己珍藏的那些愚蠢和無知現在都被刪除了。

確認：

我是聰明的智慧與無限的心智，和我有所有事情的知識。

我知道我是純淨的智力，我在此宣告我對光亮，生命，一切善良的自由，智慧，愛，和純潔擁有神聖的權利。讓智慧之光出現，並且讓人類的無知想法消失。

星期二

否認：

　　我拒絕相信我有遺傳病，疾病，無知，以及無論什麼樣的精神上的限制。

　　我拒絕邪惡的一切信仰，因為上帝讓所有的一切真的是宣告它們的好。

　　因此不會有這種欺騙，因為邪惡的信仰可以模糊我對真理的清楚理解。

　　那些和我交往的人，不可以再用他們關心和同情的話語來欺騙我。

　　我可以不再用這種弱點來欺騙自己。

　　毀滅這些在我的世界裡的黑暗無知的愚蠢信仰。我現在從它們那裡釋放出來，並且透過我那強大的話語，我毀滅了它們的全部。

確認：

　　上帝的生命就是我的生命，我與和諧和整體在振動。

　　我可以自由的使用一切好的知識，因此，我是完美的整體和健康。

星期三

否認：

我拒絕相信我是一個肉體的孩子，和必須遭受我的「到第三和第四代」的祖先的罪惡。我拒絕所有這些無知的信仰。

我否認我從我的祖先那裡繼承了貪欲的激情和感官的欲望。

我拒絕相信種族可以強迫我去對貪欲的激情和感官的欲望屈服。

我拒絕相信那些和我交往的人可以強迫我去對貪欲的激情和感官的欲望屈服。

我拒絕在這種錯誤想法下我自己的無知信仰。

確認：

上帝是神靈，並且我，神聖的形象，都是神靈。我是出生於上帝的。

上帝是如此純潔地看待罪孽，因此，我是純潔的存在，沒有一絲的欲望和激情。

星期四

否認：

我否認我祖先的罪惡和遺漏可以以任何方式來影響我。

自私、羨慕、惡意、嫉妒、驕傲、貪婪、殘忍、虛偽、固執和報復都不是我現在理解的部分，並且我拒絕在種族中，在與我交往的人中，以及在我自己的思想中的這些信念，

確認：

我與全人類和平相處。我真誠和無私地愛著所有的男人和女人。

我現在承認公正和平等的完美法令。我知道「上帝是不偏待任何人的，」在上帝看來，每個男人和女人都是一樣平等的。

我會像愛我自己一樣愛我的鄰居，我會像希望別人為我做事一樣為別人做事。

星期五

否認：

我否認我從我的祖先那裡繼承了恐懼的後果，以及否認種族可以強迫我去接受它的恐懼。那些和我交往的人的恐懼

可以不再使我生病或者貧困，並且我自己的理解現在完全地擺脫了這些幻覺。

這裡不會和不可能有任何的恐懼在與我相關的險峻世界裡。

確認：

在我就是神靈的認知下，我是勇敢和英勇的，因此我不受任何反對勢力的影響。

透過從上帝那裡的繼承，富裕和繁榮都是我的，並透過我的穩定和持續的話語，我現在將它們全都顯現出來。

星期六

否認：

我否認我繼承了以任何方式限制我的健康、美德、智力和能去做好的能力的所有信仰。那些與我交往的人可以不再讓我相信我是塵埃裡的一個可憐蟲。自然主宰人類的種族信仰不再對我有所束縛，我現在從可能以任何方式妨礙我對健康、財富、和平、繁榮以及生活中完善的各部門的完美的表達的信仰中釋放出來。

我現在，在全能的上帝面前，透過我強大的話語來消滅和摧毀所有愚蠢和無知的可能妨礙我走向完美的假設。我的話語是我能力的測量。我已經說過的，就應當如此。

確認：

我的能力是無所限制的，我現在和永遠都擁有漸增的健康、力量、生活、愛、智慧、勇氣、自由、寬容和溫順。

我現在與神父和諧相處，並且比任何的凡人法律都強大。我知道我在純潔存在下與生俱來的權利，我大膽地斷言我完美的自由。在這種認知下，我是忍耐、純潔、和平和快樂的。

我是有尊嚴的並且已經明白在我思考和所做的一切中的溫柔和謙遜。

我是一個擁有並完全顯示蓬勃的生命、智慧和精神上的理解的人。

我是一個擁有並完全顯示愛、慈善、正義、善良和慷慨的人。

我是一個擁有並完全顯示無限美好和仁慈的人。

和平像河水一樣流淌在我的腦海裡，並且我感謝祢，神啊，我與祢同在！

星期日

「請安靜，並且知道我就是上帝。」

問題

我們所要禱告的上帝

1. 精神品格是如何建造的？
2. 解釋「我去為祢準備一個地方。」
3. 我們如何透過基督得到重生？
4. 人類是如何喚醒他們內心的神聖的特性的？並且如與上帝取得連繫？

真誠的禱告

1. 什麼是真誠的禱告？
2. 人們如何進入沉默？
3. 禱告是如何實現的？
4. 為什麼上帝需要人類作為一種表達方式？

理智的沉默和精神的沉默

1. 我們為什麼要奉耶穌基督之名去請求幫助？
2. 透過承認耶穌是我們的救世主，就會得到救贖嗎？並解釋。
3. 耶穌做的個人努力是不必要的嗎？
4. 理智的沉默指的是什麼？
5. 心靈的沉默指的是什麼？

透過信心的禱告來治癒

1. 信念的治療是如何完成的？
2. 人類怎樣才能發展一個更深的信念？
3. 什麼是關注？
4. 什麼的集中？

透過禱告得到繁榮

1. 用你自己的話解釋以利沙和油的故事。
2. 給出以利沙、寡婦和油的形而上學的解釋。
3. 為什麼禱告如此有益呢？
4. 為什麼日常禱告是必不可少的呢？

與神靈物質的連繫

1. 什麼是神靈物質？
2. 人類是如何使用和表現無形的物質的？
3. 我們是如何獲得對神靈物質的控制的？
4. 為什麼繁榮的證明會延遲？

充滿歡樂的禱告

1. 一個形而上學者是如何連繫的未知量的空間的。
2. 如何獲得基督的意識？結果是什麼？
3. 說明歡樂對思想，身體還有事物的影響。
4. 我們為什麼必須要有目標的去禱告？

如何去處理意識的精神力量

1. 去處理精神力量的唯一方法是什麼？
2. 靈魂的三個要素是什麼，並且每個要素分別包含了什麼？
3. 精神領域對情感特性有什麼影響呢？
4. 靈魂的傳遞發生了什麼？
5. 解釋神靈是如何將訊息給予夢和幻覺的？
6. 人類的存在是如何被恢復到天國的？

征服人類的強大精神

1. 對上帝來說，人類是平等的嗎？
2. 人類是如何發展他們天生的能力的？
3. 耶穌是如何成為一名大師的？
4. 在獲得精神上的掌握中，為什麼愛的發展是如此重要的？

履行

1. 什麼是「世界之光」？
2. 耶穌的受難是如何拯救我們脫離罪惡、疾病和死亡的？
3. 什麼的偉大的成功？
4. 解釋說明「生活」和「血液」之間的關係。

發展

1. 耶穌的進化是什麼？
2. 你對表示的理解是什麼？
3. 身體是如何轉換的？
4. 我們是如何分享聖餐的？

思考想像

1. 思考想像指的是什麼？
2. 我們是如何表達想法的？
3. 人類能擁有一個完美的性格嗎？如何？
4. 這裡有進入天堂王國的捷徑嗎？

被說出來的話語

1. 解釋創造性思維的過程？
2. 靈魂是如何克服死亡的？
3. 你是如何理解「乙太」的？
4. 我們如何才能獲得生命的灌輸？

你必須要定意

1. 人類的話語有什麼影響？
2. 一個自卑的複合體能阻礙你表達名分嗎？
3. 為什麼我們身體的器官會回應我們的法令？
4. 詳述亞歷克西‧卡雷爾博士的陳述「唯一能讓人或者的是擁有一個大腦和神經系統」。

在上帝的庇護之下變得強大

1. 在主面前我們如何變得強大？
2. 關於禱告，耶穌的指令是什麼？
3. 說出一些有助於進入沉默的方法？
4. 解釋讚美和失敗話語的影響。

與上帝面對面

1. 我們為什麼要直接向上帝講話？
2. 我們如何才能成為建立與上帝合一意識的人？
3. 解釋浪子的寓言。
4. 我們為什麼必須要學習耶穌的生命？

不是魔法而是法令

1. 1.「上帝的王國」在哪裡？
2. 耶穌是上帝的唯一兒子嗎？請解釋。
3. 我們是如何獲得永恆生命的意識的？
4. 我們為什麼要把上帝當作是我們的資源？

精神靈魂治療

1. 什麼是神靈精神分析？
2. 是什麼決定了我們靈魂的特性？
3. 請說明讚揚對個人的影響。
4. 是精神態度控制著精神的表現嗎？

健康與繁榮

1. 神靈是如何展現它自己的？
2. 邪惡（不朽）的身體是如何形成的？
3. 上帝的物質在哪裡？（上帝的主旨是什麼）
4. 我們能像耶穌一樣使用物質嗎？請詳細解釋。

思想是東西

1. 什麼是思想？
2. 比較科學「乙太」的伊甸園和耶穌的「天堂的王國」。
3. 你贊同教授詹姆斯的關於我們生活在充滿波的宇宙中的宣告嗎？
4. 人類是如何構造他們的世界的？
5. 這裡有現存世界情況下的萬能藥嗎？

強大的思想

1. 是不是所有類型的治療者使用的都是相同的力量？為什麼？
2. 什麼是天堂？
3. 什麼是地獄？
4. 耶穌是如何從破壞性的，不和諧的情況中拯救我們的？
5. 為什麼我們要奉耶穌基督的名來禱告呢？

歡樂的治癒

1. 歡樂是如何幫助治癒的？
2. 為什麼一個歡樂的態度會帶來繁榮？
3. 為什麼適當的飲食有助於健康？
4. 為什麼我們要去祝福我們的財富和事務？

愛的協調

1. 愛是如何調整人類的不和諧的？
2. 解釋萬有引力的法令。
3. 偉大的靈魂是如何發展的？
4. 為什麼耶穌使用科學的方法？

驅逐恐懼

1. 身體上的恐懼有什麼影響？
2. 我們如何去驅逐恐懼？
3. 我們如何去完成我們存在的法令？
4. 完美的愛對你來說意味著什麼？

精神上的傾聽

1. 我們是怎樣去傾聽的？
2. 每個人都能用「內在的耳朵」傾聽嗎？請解釋。
3. 過度的冥想可取嗎？為什麼不？
4. 請解釋精神感受的重要性。

✝ 問題

生命之光

1. 「真理之光」指的是什麼？

2. 為什麼現代科學對光的發現不能幫助人類的精神發展呢？

3. 光和智慧是同一的嗎？請解釋。

4. 真理的學生們應該對關於物理的科學持有什麼態度呢？

思想物質

1. 我們的禱告是如何回覆的？

2. 單獨地請求幫助可以帶來充分的表現嗎？

3. 真理的神靈指的是什麼？

4. 在什麼方式下，衛生和飲食的法令是有益的？

強化熱情

1. 解釋熱情能力的部門。

2. 導致「年老」的原因是什麼？

3. 耶穌是如何去克服貪婪的？

4. 我們在天堂是如何貯藏財富的？

非現實的錯誤

1. 為什麼錯誤是不真實的？

2. 人類存在的目的是什麼？

3. 真理是如何表現給我們的？

4. 什麼是物質？

歡樂照射出健康

1. 解釋說明笑聲和歡樂對健康的影響。

2. 所羅門在哪裡改變判決？

3. 怎麼樣去獲得幸福？

4. 我們如何去尋找持久的和平？

「西拉！」

1.「西拉」指的是什麼？

2. 為什麼「上帝第一」是取得真理意識的唯一的方式？

3. 人類是怎樣去展現繁榮的？

4.「耶和華」這個詞的意思是什麼？

精神化的智力

1. 這裡有多少個思想？並說明。

2. 我們是怎樣去統一所有我們力量的？

3. 說明以撒授予給雅各和以掃的祝福之間的區別。

4. 有知識的人類指的是什麼？

5. 頭腦和心臟之間的適當關係是什麼？頭腦和身體呢？

6. 解釋課稅的原則。

七倍的清洗

1. 在精神治療當中，為什麼謙遜是必需的？

2. 為什麼一定要克服個人的自我中心？

3. 指出精神治療的兩個重要的步驟。

4. 在對乃縵的治療中，以利沙的角色是什麼？

禱告和信仰

1. 用你自己的語言定義禱告。

2. 對你來說信仰意味著什麼？

3. 為什麼保羅告誡我們要不休止地去禱告？

4. 真正精神上的洗禮意味著什麼？

治癒的話語

1.「話語」有能力去治癒嗎？為什麼？

2. 什麼是「上帝的唯一兒子」？

3. 象徵指的是什麼？

4. 人類能寬恕罪惡嗎？怎麼樣去寬恕？

電子書購買

爽讀 APP

國家圖書館出版品預行編目資料

沉默中的神語，查爾斯‧菲爾莫爾的禱告之道：治癒話語 × 思想物質 × 禱告療法，理智與精神的靜謐，透過祈禱引領靈性成長之旅 / [美] 查爾斯‧菲爾莫爾（Charles Fillmore）著，孔繁秋 譯 . -- 第一版 . -- 臺北市：崧燁文化事業有限公司，2024.02

面；　公分

POD 版

譯自 : Teach us to pray.

ISBN 978-626-357-967-5(平裝)

1.CST: 基督教 2.CST: 祈禱

244.3　　113000116

沉默中的神語，查爾斯‧菲爾莫爾的禱告之道：治癒話語 × 思想物質 × 禱告療法，理智與精神的靜謐，透過祈禱引領靈性成長之旅

臉書

作　　　者：[美] 查爾斯‧菲爾莫爾（Charles Fillmore）

譯　　　者：孔繁秋

發 行 人：黃振庭

出 版 者：崧燁文化事業有限公司

發 行 者：崧燁文化事業有限公司

E - m a i l：sonbookservice@gmail.com

粉 絲 頁：https://www.facebook.com/sonbookss/

網　　　址：https://sonbook.net/

地　　　址：台北市中正區重慶南路一段六十一號八樓 815 室

Rm. 815, 8F., No.61, Sec. 1, Chongqing S. Rd., Zhongzheng Dist., Taipei City 100, Taiwan

電　　　話：(02) 2370-3310　　傳　　　真：(02) 2388-1990

印　　　刷：京峯數位服務有限公司

律 師 顧 問：廣華律師事務所 張珮琦律師

-版權聲明

定　　　價：275 元

發行日期：2024 年 02 月第一版

◎本書以 POD 印製

Design Assets from Freepik.com